W0221361

natürlich oekom!

Mit diesem Buch halten Sie ein echtes Stück Nachhaltigkeit in den Händen. Durch Ihren Kauf unterstützen Sie eine Produktion mit hohen ökologischen Ansprüchen:

- 100 % Recyclingpapier
- mineralölfreie Druckfarben
- Verzicht auf Plastikfolie
- Kompensation aller CO_2-Emissionen
- kurze Transportwege – in Deutschland gedruckt

Weitere Informationen unter www.natürlich-oekom.de und #natürlichoekom

natürlich oekom · nachhaltig seit 1989

Bibliografische Information der Deutschen Nationalbibliothek:
Die Deutsche Nationalbibliothek verzeichnet diese Publikation in der Deutschen Nationalbibliografie; detaillierte bibliografische Daten sind im Internet über www.dnb.de abrufbar.

oekom – Gesellschaft für ökologische Kommunikation mbH,
Goethestraße 28, 80336 München

Umschlaggestaltung: www.buero-jorge-schmidt.de
Umschlagabbildung: Nicole Schnittfincke
Lektorat: Laura Kohlrausch
Innenlayout & Satz: Ines Swoboda
Korrektorat: Maike Specht

Druck: CPI Books GmbH, Leck

RECYCLED
Papier aus Recyclingmaterial
FSC® C083411

ISBN 978-3-98726-066-7

https://doi.org/10.14512/9783987262968

DAVID GUTENSOHN

Generation Anspruch

Arbeit ist nicht alles – und das ist auch gut so

oekom

Inhalt

Vorwort

Es gibt Momente, in denen man sich wie in einer Parallelwelt fühlt. So einen Moment erlebte ich im Sommer des Jahres 2022. Ich saß mit zwei Freunden auf der Terrasse einer Berliner Bar, in den Händen ein Feierabendbier. Wir tranken und sprachen wie so oft über unsere Arbeit. Wir erzählten von unseren Kolleginnen und Kollegen, freuten uns über Lob der Vorgesetzten und ärgerten uns über eigene Fehler. Wir sprachen darüber, was uns an unseren Jobs störte, was wir daran liebten und wie wir in Zukunft arbeiten wollen. Ohne Homeoffice? Niemals. Unter cholerischen Vorgesetzten oder mit Kolleginnen und Kollegen, die ständig ihre Aufgaben auf uns abwälzen? Sicher nicht. Dafür aber für Unternehmen, mit denen wir uns identifizieren und für die man sich nicht schämen muss. Wir waren uns einig, dass wir irgendwann einmal Väter sein wollen, die selbstverständlich in Elternzeit gehen und sich die Care-Arbeit zu Hause fair teilen wollen. Und dass wir in einer privilegierten Situation sind, weil wir Jobs haben, die uns erfüllen; mit Gehältern, die es uns erlauben, eine Wohnung zu mieten und in den Urlaub zu fahren. Klar, mal eine Überstunde ist dabei. Aber bitte nur, wenn man sie ausgleichen kann und nicht immer erreichbar sein muss, denn niemand von uns will sein Feierabendbier dauerhaft missen. Wir bestellten ein zweites.

Das Gespräch rutschte zum Thema Karriere. Wir wollen alle beruflich etwas erreichen und sind auch bereit, dafür etwas zu leisten. Faul sein ist nicht unser Ding, genug Freizeit aber wichtig. Jeder von uns würde sofort eine seriöse Partei wählen, die sich für die bezahlte Viertagewoche einsetzt. Zwei Köpfe nickten, als einer sagte: »Ich liebe meinen Job, aber Arbeit ist nicht alles.«

Plötzlich musste einer meiner Freunde laut lachen. Er zeigte uns sein Smartphone, auf dem eine Meldung verkündete: »Sigmar Gabriel fordert die 42-Stunden-Woche«. Gemessen an dem, worin wir uns so schön einig waren, kam uns diese Forderung komplett absurd vor. Wir frotzelten erst mal, ob es überhaupt noch relevant sei, was Sigmar Gabriel zu sagen hat, jetzt, wo er weder Wirtschafts- oder Außenminister noch SPD-Vorsitzender und auch kein Bundestagsabgeordneter mehr ist. Da redet mal wieder einer, der das Reden nicht lassen kann und dem zugehört wird, weil er irgendwann mal Entscheidungen treffen konnte, die alle betrafen. Gähn. Wir hätten es uns an diesem Abend leicht machen können und das Gespräch von Gabriel einfach zum letzten Bundesligaspieltag oder zur neuen Netflix-Serie springen lassen – doch uns beschlich die Gewissheit, dass es da draußen, außerhalb dieser Berliner Bar, tatsächlich Menschen gibt, die glauben, in Deutschland würde zu wenig gearbeitet.

Es gibt tatsächlich Menschen, die glauben, in Deutschland würde zu wenig gearbeitet.

Wir diskutierten, aber kamen zu keiner Lösung. Irgendwann beim dritten Bier wechselten wir dann doch das Thema, aber mich sollte es nicht loslassen. Ich bin Journalist, berichte über den Arbeitsmarkt in Deutschland, über Arbeitslosigkeit und über Homeoffice, Ausbeutung in der Pflege und auf dem Bau oder den Fachkräftemangel in so vielen Branchen. Bei meinem Arbeitgeber gibt es sogar ein eigenes Ressort, das sich nur mit unserer Arbeitswelt beschäftigt. Über kaum ein Thema wird so viel gestritten und diskutiert wie über Arbeit. Weil sie uns alle betrifft, die einen mehr, die anderen weniger. Fast 35 Millionen Menschen haben in Deutschland einen sozialversicherungspflichtigen Job, viele andere haben einen Minijob, sind in einer Ausbildung, studieren oder gehen zur Schule.[1] Wieder andere haben ihr Leben lang gearbeitet und sind in Rente. Arbeit beschäftigt jeden von uns, auch weil sie eine Gesellschaft zusammenhält – besonders dann, wenn sie systemrelevant ist. Über viele Jahrzehnte hinweg haben wir über den Mindestlohn debattiert, über die Frage, wie viel Homeoffice zu viel ist, wie viel Elterngeld es geben sollte und wie Arbeitslose wieder einen Job bekommen. In diesen Debatten gab es immer Konflikte, unterschiedliche Weltanschauungen und Ansichten. In vielen Themen rund um die Arbeitswelt waren sich die Menschen, egal, welchen Alters, aber erstaunlich einig. In den vergangenen Jahren hat sich allerdings etwas grundlegend geändert in der Art und Weise, wie wir über unsere Jobs und Berufe sprechen und denken: Arbeit spaltet offensichtlich Generationen.

»Arbeit ist kein Ponyhof«, sagt Andrea Nahles, die Chefin der Bundesagentur für Arbeit.[2] »Wir sind kein Hobbyland«, sagt Markus Söder, der Ministerpräsident von Bayern.[3] »Wir brauchen mehr Bock auf Arbeit«, sagt Steffen Kampeter, der Geschäftsführer des Arbeitgeberverbandes.[4] Sie alle sind Teil einer Generation, die anders über Arbeit denkt und spricht als meine. Eine Generation, die wir kaum noch verstehen und die uns wiederum dafür verurteilt, Arbeit so fundamental anders zu betrachten. Ich bin 30 Jahre alt und damit Teil der Generation Anspruch. Also Teil der jungen Menschen, die Arbeit kritischer hinterfragen, als es ihre Eltern und Großeltern je getan haben. Und sie haben recht damit.

Wenn Sigmar Gabriel, Andrea Nahles und Steffen Kampeter die junge Generation als faul bezeichnen und mehr Einsatz fordern, offenbaren sie nur, wie wenig sie von der Realität verstehen, in der wir leben. Auch Simone Schmollack, Redakteurin der tageszeitung *taz*, tut sich damit schwer. Sie beschreibt in einem Kommentar, wie immer mehr Personalerinnen und Personaler in Unternehmen daran verzweifeln, junge Menschen von einem Job zu überzeugen. Und dass sie zunehmend genervt davon sind, wenn die Bewerberinnen und Bewerber meiner Altersklasse wie selbstverständlich Homeoffice, Gleitzeit und eine Viertagewoche fordern. Das sei egoistisch und würde dem Unternehmen und in letzter Konsequenz auch der gesamten Wirtschaft der Bundesrepublik Deutschland schaden. »Liebe junge Menschen, vielleicht überdenkt ihr eure Work-Life-Balance noch einmal«, schreibt Schmollack.[5]

Werden wir nicht. So verständlich es ist, dass Babyboomer sich noch an ihr altes Bild von Arbeit klammern, so sehr zeigt es, wie weit entfernt sie von der Realität junger Menschen sind. Denn sie alle verkennen etwas Grundlegendes. Mehr Arbeit kann nicht die Lösung für die Herausforderungen unserer Zeit sein. Die Art, wie wir arbeiten, muss sich ändern. Und: Es geht meiner Generation um Freizeit, nicht um Faulheit, das ist ein großer Unterschied. Arbeit sollte, überspitzt gesagt, zwar vielleicht kein Ponyhof, aber auch kein Schlachthof sein. Junge Menschen sind nicht mehr dazu bereit, Arbeit über alles zu stellen. Das heißt nicht, dass Millennials und Post-Millennials, also unter-30-Jährige, faul sind oder keinen Bock auf Arbeit haben. Sie wollen gute Arbeit, nicht mehr und nicht weniger. Auf die Generation Praktikum, die sich hat ausbeuten lassen, ist die Generation Anspruch gefolgt – und das ist gut so.

Arbeit sollte zwar vielleicht kein Ponyhof, aber auch kein Schlachthof sein.

Im Sommer des vergangenen Jahres moderierte ich ein Panel bei einer Konferenz. Mit mir auf der Bühne saßen Bettina Dietsche, die sich bei der Versicherung Allianz um das Personal und die Arbeitskultur kümmert, sowie die Unternehmerin Irène Kilubi und Lena Pundt, die an der Hochschule Bremen das Personalmanagement leitet. Ich diskutierte mit ihnen über den Fachkräftemangel, Führungskräfte und die Frage, ob man beim Thema Arbeit überhaupt nach einzelnen Generationen unterscheiden müsse. Alle waren sich einig, dass daran kein Weg vorbeiführe. Denn die Unterschiede der Altersgruppen seien bei Bewerbungsgesprächen, Gehaltsverhandlungen und im täglichen Zusammenarbeiten so groß, dass es einen Begriff brauche, der genau das beschreibt. Generation Merkel, Generation X, Y oder Z – immer wieder wird versucht, Alterskohorten zu unterteilen. Man kann das kritisch sehen, denn natürlich besteht eine Generation immer aus vielen unterschiedlichen Menschen, die nicht alle kollektiv dasselbe denken. Ja, der Generationenbegriff kann zu Schubladendenken führen, weil er vereinfacht und verallgemeinert, das sollte man immer im Hinterkopf behalten. Und doch zeigen Studien und Umfragen, dass es fundamentale Unterschiede zwischen älteren und jüngeren Menschen gibt. Dass es sinnvoll ist, diese Altersunterschiede und verschiedenen Prägungen mitzudenken. Diese Abgrenzung braucht es, um ein Phänomen zu erklären – und um aufzuzeigen, welche Unterschiede es zwischen den Generationen gibt und wie diese vielleicht überwunden werden können. Daher spreche ich von der Generation Anspruch. Damit meine ich die meisten jungen Menschen, die in den 1990ern und 2000ern geboren wurden und völlig anders aufgewachsen sind als ihre Eltern und Großeltern.

Wir brauchen keine Neiddebatte zwischen Jungen und Alten. Aber die Gabriels und Söders da draußen müssen akzeptieren, dass meine Generation den Arbeitsmarkt für immer verändern wird. Nur weil vorherige Jahrgänge es versäumt haben, mehr für sich zu verhandeln, oder es nicht konnten, ist es jetzt nicht falsch, dass wir das tun. Denn etwas Entscheidendes hat sich verändert: Die neuen Ansprüche an Arbeit bleiben keine tollkühne Vision, sie werden sogar schneller umgesetzt als erwartet. Denn die jungen Menschen mit ihren Forderungen treffen auf Unternehmen, die sie dringend brauchen und suchen. Ein Spaziergang in meiner Mittagspause durch Berlin-Kreuzberg reicht, um das zu erkennen. Die Bäckerei sucht mit einem Schild an der Tür Verkäuferinnen, ein Start-up wirbt auf einem Plakat mit einer Prämie für alle, die kündigen und bei ihnen anfangen. Auf dem vorbeifahrenden Bus werben Unternehmen damit, die besten Arbeitsbedingungen der ganzen Stadt zu haben. Meine Generation hat dank des eklatanten Fachkräftemangels in vielen Branchen praktisch die freie Auswahl. Ganz anders als unsere Eltern und Großeltern, die in Wirtschaftskrisen und in Zeiten arbeiteten, in denen es noch Begriffe wie Einstellungsstopp oder Massenarbeitslosigkeit gab.

Nie war der Fachkräftemangel in Deutschland größer als heute. So groß, dass man ehrlicherweise von einem Arbeitskräftemangel sprechen sollte, weil alles andere das Problem verharmlost. Letztendlich sind fast alle Branchen mehr oder weniger stark betroffen. Vom Metzger, der keinen Nachwuchs findet, über die Schule, die verzweifelt und auf allen Wegen Lehrerinnen sucht, bis zum Flughafen, dem die Hilfsarbeiter fehlen, sodass sich das Gepäck in den Reisemonaten bis an die Decke türmt. Schon jetzt findet fast die Hälfte aller Unternehmen in Deutschland keine neuen Angestellten.[6] Die Zahl der offenen Stellen liegt laut dem Report der Industrie- und Handelskammer bei zwei Millionen.[7] Andere Berechnungen gehen von bundesweit 1,75 Millionen ausgeschriebenen Jobangeboten aus, für die sich niemand findet.[8] Das mag für den einen oder anderen schon bedrohlich klingen, es ist aber erst der Anfang. Wenn in den kommenden Jahren die geburtenstarken Jahrgänge 1955 bis 1969 in Rente gehen und zu wenig Nachwuchs da ist, der ihre Stellen besetzen oder Unternehmen weiterführen kann, wird es kritisch. Sieben Millionen Arbeitskräfte könnten laut dem Institut für Arbeitsmarkt- und Berufsforschung bis zum Jahr 2035 fehlen.[9] Dann wird praktisch jedes Unternehmen und jede Behörde Arbeitskräfte suchen, weil es zu wenig junge Bewerberinnen und Bewerber auf Ausbildungsplätze, Praktikumsstellen oder ihre Stellenanzeigen gibt.

Bald wird praktisch jedes Unternehmen und jede Behörde Arbeitskräfte suchen.

Die Politik hat das Problem erkannt und will handeln, verabschiedet ein Fachkräfteeinwanderungsgesetz nach dem anderen. Bundesminister reisen auf die Philippinen, nach Mexiko oder in den Kosovo, um für die Zuwanderung nach Deutschland zu werben. Auch Finanzminister Christian Lindner flog Anfang des vergangenen Jahres nach Ghana und traf dort auf Studierende in einem Hörsaal. Der Minister hielt ein Plädoyer für den deutschen Arbeitsmarkt – und fragte am Ende die Studierenden, wer von ihnen sich vorstellen könne, nach Deutschland zu kommen, um dort zu arbeiten. Leises Gelächter, ungläubige Blicke, kaum jemand meldete sich.[10] Lindner war sichtlich überrascht, doch was er dort erlebte, steht sinnbildlich dafür, dass verzweifelt Personal gesucht, aber nicht gefunden wird. Und zwar weltweit. Dabei hat Deutschland im internationalen Wettbewerb einen entscheidenden Nachteil: die Sprache. Natürlich ist es für Fachkräfte aus Ghana einfacherer, nach Großbritannien oder in die Vereinigten Staaten auszuwandern, um dort zu arbeiten, wenn ihre Amtssprache ohnehin schon Englisch ist. Hinzu kommt die deutsche Bürokratie, die trotz aller politischen Initiativen Anerkennungsverfahren und Zuwanderungen eher erschwert als vereinfacht. Kurz gesagt: Laut den Zahlen der Bundesagentur für Arbeit bräuchte es jährlich 400 000 Arbeitskräfte, die aus dem Ausland nach Deutschland einwandern – und zwar netto, also zusätzlich zu jenen, die jene ersetzen müssen, die auswandern.[11] Nur dann könnten Unternehmen in Deutschland ihre offenen Stellen besetzen. Nur dann könnten das deutsche Rentensystem und die Krankenkassen durch neue Beitragszahler und Versicherte stabilisiert werden. Doch davon ist Deutschland weit entfernt.

Nicht nur die Politik, auch immer mehr Unternehmen spüren das und versuchen, Fachkräfte aus dem Ausland anzuwerben. Um an Personal zu kommen, beauftragen sie teure Headhunter, Recruiter und Personaler. Oder sie reisen selbst los, um Menschen im Ausland zu überzeugen. So wie David Depenau, Geschäftsführer eines Freizeitparks an der Ostsee, den ich für eine meiner Recherchen interviewt habe. Er war schon in mehr als 25 Ländern unterwegs, um Angestellte abzuwerben. Als ich mit ihm sprach, packte er gerade seine Koffer, um nach Indien zu fliegen und dort eine Hotelfachschule zu besuchen. »Anders findet man heute kaum noch Personal«, sagte er.[12] Vor allem seit der Pandemie würden sich kaum noch Menschen für eine Ausbildung oder einen Job in seinem Freizeitpark bewerben. Auch weil junge Menschen heute andere Ansprüche an Arbeit stellen. Mittlerweile hat fast die Hälfte seiner 700 Beschäftigten keinen deutschen Pass: Bademeister, Gärtnerinnen und auch Kellner oder Sicherheitskräfte. Selbst wenn sie noch kein Deutsch sprechen, gibt der Chef ihnen Jobs mit Kundenkontakt.

Was Depenau schon heute macht, werden in Zukunft viel mehr Unternehmen tun müssen, um noch an Personal zu kommen. Und selbst wenn das im Einzelfall gelingen kann, ist klar, dass ausländische Fachkräfte allein nicht ausreichen werden, um diese enorme Lücke zu schließen. Unternehmen und auch die Politik können sich nicht darauf verlassen, dass Menschen aus anderen Staaten hierzulande die Arbeit machen, für die so dringend Nachwuchs gesucht wird. Da kann die FDP noch so viele Rikschas in Indien mieten und mit einem QR-Code Softwareentwickler auf die Arbeitsbedingungen in Deutschland aufmerksam machen. Es muss mehr geschehen als das. Es gibt sinnvolle Ansätze dazu, etwa das neue Fachkräfteeinwanderungsgesetz. Das soll es Ausländerinnen und Ausländern von außerhalb der Europäischen Union ermöglichen, ohne Arbeitsvertrag nach Deutschland zu kommen und sich hierzulande einen Arbeitsplatz zu suchen. Oder Geflüchteten, die bereits hier sind, die Chance geben, eine Ausbildung oder einen Job zu beginnen, um dann ein Bleiberecht zu bekommen, obwohl ihre Chancen auf Asyl eigentlich gering wären. Aus der Not heraus, weil mittlerweile sogar Wirtschaftsverbände klagen, geschieht etwas. Doch wie gesagt: Das allein wird nicht reichen, um die Fachkräftelücke zu schließen. Gleichzeitig schafft es die Politik nicht, dafür zu sorgen, dass mehr Frauen in Vollzeit arbeiten. Einerseits, weil sie immer noch die meiste Care-Arbeit zu Hause übernehmen müssen. Andererseits, weil wiederum in den Kitas das Personal fehlt, um die Kinderbetreuung sicherzustellen. In der Folge bleibt viel Potenzial ungenutzt, und der Fachkräftemangel verschärft sich von Jahr zu Jahr – und meine Generation wird auf dem Arbeitsmarkt genau deshalb so gebraucht wie noch nie.

Junge Menschen wissen: Es war nie leichter, zu lernen und zu studieren, was man will, und sich damit später ein Leben zu finanzieren. Oder auch nach Jahren im Beruf umzuschulen und als Quereinsteiger plötzlich etwas ganz anderes zu machen. Vor allem aber war es nie einfacher, in Bewerbungsgesprächen oder auch später im Job etwas zu fordern. Denn in Zeiten wie diesen wollen Unternehmen nicht nur neue Angestellte für sich gewinnen, sie wollen auch niemanden verlieren. Nicht genügend Personal zu haben ist ein Risiko geworden, dass keine Firma eingehen kann. Denn das gefährdet den Umsatz, die Wachstumsziele und letztendlich auch die Rendite – und das stört nicht nur Aktionärinnen und Aktionäre, sondern auch Geschäftsführerinnen und CEOs.

Alle Betriebe in allen erdenklichen Branchen konkurrieren also um Fachkräfte – und zwar nicht nur mit Firmen aus derselben Region, sondern mit Unternehmen aus der ganzen Welt. Denn auch das unterscheidet meine Generation von vielen anderen: Ich bin nicht nur deutscher Staatsbürger, sondern auch Europäer, mehr noch: Bürger dieser Welt. Die junge Generation kennt keine Grenzen. Sie spricht nicht nur selbstverständlich Englisch und ist in ihrer Schulzeit mit Interrail-Zügen durch Europa gereist, sie hat auch teilweise in London oder Rom studiert oder nach dem Abitur ein Jahr in Australien oder Amerika gelebt. Oder ist angestellt bei Unternehmen, die international agieren, und arbeitet dadurch täglich mit Kolleginnen und Kollegen, die in anderen Teilen der Welt sitzen. Obendrein ist der Arbeitsort in Zeiten des Homeoffice für viele junge Menschen ohnehin fluide. Sie machen Workation – eine Mischung aus Urlaub und mobiler Arbeit – in Griechenland oder arbeiten dauerhaft von Bali aus für ein Start-up, das eigentlich in Berlin sitzt. Oder arbeiten umgekehrt von München aus für ein amerikanisches Unternehmen. Im Ausland zu leben und zu arbeiten – und sei es nur für eine begrenzte Zeit – ist für diese Generation längst nicht mehr ausgeschlossen oder problematisch. Im Gegenteil, in vielen Branchen gehört es zu einem modernen Lebenslauf dazu, auch mal in anderen Ländern Erfahrungen gesammelt und dort gearbeitet zu haben. Einige Unternehmen bieten deshalb Austauschprogramme an oder leihen junge Talente an andere Standorte weltweit aus. Nicht zuletzt Social Media ermöglichen es jungen Menschen, täglich zu sehen, wie man wo in der Welt arbeitet, welche Optionen es gibt und was einem geboten wird. Wann immer man will, kann man online miterleben, wie Influencerinnen und Influencer ihr Arbeitsleben organisieren oder wie sich Unternehmen aus aller Welt online präsentieren. Selbst ein Leben in Kapstadt oder Kairo ist heute nur noch einen Klick entfernt.

Das alles trägt dazu bei, dass die junge Generation es sich leisten kann, den Stellenwert von Arbeit in ihrem Leben zu hinterfragen. Eben weil sie gefragt und gesucht ist und nicht dankbar dafür sein muss, überhaupt irgendeine Stelle zu bekommen. In einer Welt, in der sich junge Menschen ihren Job quasi aussuchen können, sind sie plötzlich die Mächtigen. Diejenigen, die diktieren können, wie Arbeit zu sein hat. Wir reden hier von einem Arbeitnehmermarkt, in dem sich Unternehmen bei jungen Menschen bewerben statt umgekehrt.

Die junge Generation kann es sich leisten, Arbeit zu hinterfragen.

Warum also sollte diese umworbene junge Generation darauf verzichten, bessere Arbeitsbedingungen einzufordern? Ich bin mir sicher, auch die Generation von Andrea Nahles, Sigmar Gabriel und Steffen Kampeter hätte bessere Löhne, angenehmere Arbeitszeiten und interessantere Aufgaben für sich verhandelt, wenn sie es vor 20 oder 30 Jahren gekonnt hätte. Es ist also fast schon zynisch, meiner Generation genau das nun vorzuwerfen. Weshalb sollte ausgerechnet jetzt das Angebot-Nachfrage-Modell, das den Kapitalismus prägt, zur Abwechslung nicht auch positive Auswirkungen auf unsere Arbeit haben?

Unternehmen müssen sich der Herausforderung stellen, kein Personal zu finden und gleichzeitig mit vielen anderen Firmen weltweit konkurrieren zu müssen – und das geht nur, wenn man sich den Ansprüchen der jungen Generation anpasst. Vom Handwerksbetrieb, der die Viertagewoche einführt, bis zur Agentur, die Homeoffice und frei einteilbare Arbeitszeiten ermöglicht, oder zum Autohersteller, der Sabbaticals und Workation zur Regel macht. Es reicht nicht mehr aus, im Büro einen Obstkorb aufzustellen, einen Kickertisch für die Werkstatt zu organisieren oder einmal im Jahr mit der Belegschaft einen Betriebsausflug zu machen. Junge Menschen wollen heute grundsätzlich anders arbeiten. Allein dadurch schon verändert die Generation Anspruch bereits den Arbeitsmarkt.

Überspitzt gesprochen, könnte man von einer neuen Arbeiterbewegung sprechen, zu der Babyboomer wie Gabriel, Nahles oder Kampeter längst den Bezug verloren haben. Dabei waren es doch sie, ihre Eltern und Großeltern, die den Achtstundentag, Tarifverträge, die 40-Stunden-Woche, das Elterngeld, den Mindestlohn oder den Kündigungsschutz durchsetzten und verbesserten. Meine Generation führt den Kampf um bessere Arbeit nur weiter. Vielleicht nicht mehr auf der Straße oder in Gewerkschaften, aber überall im Land, vor Ort in den Betrieben, Behörden und Bewerbungsgesprächen. Und manchmal beginnt das damit, dass sie sich vorher in Bars trifft und über die Zukunft diskutiert. Übrigens: Ein viertes Bier haben wir nicht bestellt, schließlich mussten wir am nächsten Tag ja arbeiten.

Kapitel 1

Arbeit bestimmt nicht, wer ich bin

»Man kündigt nicht seinen Job, aber man verabschiedet sich von der Idee, seine Anforderungen überzuerfüllen. Man erfüllt seine Pflichten, aber fühlt sich nicht länger an eine Mentalität gebunden, die vorschreibt, Arbeit sei dein Leben.«

Als Zaid Khan diese Worte im Juli 2022 in einem 17-sekündigen Video im sozialen Netzwerk TikTok veröffentlichte, ahnte er nicht, dass er den Ton einer ganzen Generation treffen würde.[13] Mehr als drei Millionen Menschen klickten seinen Clip, Tausende kommentierten ihn, viele fühlten sich verstanden.[14] In Reddit-Foren, auf Twitter, Instagram und TikTok berichteten junge Menschen von ihren Jobs. Viele von ihnen erzählten, weshalb auch sie nicht mehr bereit dazu seien, für Arbeit alles andere aufzugeben. Manche erzählten von ihrer letzten Kündigung, andere davon, wie ihr erster Job sie frustriere oder dass sie gerade dabei seien zu verstehen, dass Arbeit nur ein Teil unseres Lebens, aber nicht alles ist. Mitten in diesen Diskussionen entstand ein neuer Begriff: Quiet Quitting, das stille Kündigen. Auch wenn der Begriff das suggeriert, geht es dabei nicht darum, den eigenen Job zwangsweise irgendwann zu kündigen. Aber man tut nur noch das, was laut Arbeitsvertrag nötig ist. Man erledigt zuverlässig seine Aufgaben im Job, aber opfert sich nicht mehr für seine Arbeit auf. »Dein Wert als Person wird nicht über deine Produktivität definiert«, sagte Khan dazu in seinem kurzen Video. Und auch ich ertappte mich beim Nicken.

Wenige Wochen später stehe ich an einem Samstagabend am besten Ort einer jeden Geburtstagsparty – in der Küche zwischen Büfett und Balkon – und werde gefragt: »Und was machst du so?« Ich überschreie die Musik mit: »Ich bin Journalist.« Ich habe in diesem Moment nicht gelogen, und doch fühlt sich meine Antwort falsch an. Ja, ich arbeite als Journalist, und ich liebe meinen Job. Aber ich bin nicht mein Job. Ich will nicht, dass meine Arbeit allein darüber bestimmt, wer ich bin. Ich will selbst bestimmen, wie meine Arbeit ist – und nicht umgekehrt. Und doch lasse ich zu, dass es in Momenten wie diesem auf der Party, wenn auch nur kurz, andersherum läuft. Dass mein Job meine Identität nicht nur ergänzt, sondern fast schon ersetzt. So, als gäbe es in meinem Leben nichts anderes als meinen Beruf.

Ich will nicht, dass meine Arbeit allein darüber bestimmt, wer ich bin.

Warum rutscht mir diese Antwort trotzdem manchmal heraus? Ich habe das so gelernt und bin da sicher nicht der Einzige. Wir alle wachsen damit auf, dass Arbeit alles ist. Auch meine Mutter antwortete auf die Frage, was sie mache, immer mit »Pflegekraft«. Nicht mit Mutter, Ehefrau, Leseratte, Freundin, Filmeliebhaberin oder Tante. Sie antwortete nicht damit, dass sie gerne auf Flohmärkte gehe, Songs von Meat Loaf höre oder ihr ganzes Geld spare, um alle paar Jahre in ein fremdes und möglichst fernes Land zu reisen. Sie war zuallererst für alle immer ausschließlich die Pflegekraft. Mittlerweile ist sie in Rente. Wenn ich sie heute frage, was sie so macht, antwortet sie mit: lesen, reisen, lernen, wandern, kochen, lieben. Nicht der Job definiert mehr ihr Leben, sondern das Leben selbst.

Genau das wünscht sich die Generation Anspruch für ihr Leben – und zwar nicht erst im fernen, vielleicht sogar unerreichbaren Ruhestand, sondern heute, im Hier und Jetzt. Ein Leben hält viele Rollen für den Menschen bereit. Der Job ist nur eine davon. Ich will Freund, aber auch Fußballfan, Redakteur und Reisender sein, genauso wie ich derjenige sein will, der zwar einen Führerschein hat, aber nie im Auto, sondern immer nur auf dem Fahrrad zu sehen ist. Und auch derjenige, der dieses Buch an einem sonnigen Samstagmittag schreibt, weil es ihm Spaß macht und ihn beschäftigt – der aber gleichzeitig realisiert, dass auch das Arbeit und keine echte Freizeit ist, selbst wenn sich das zwischendurch mal so anfühlt.

Das Leben ist vielfältig, und unser Beruf sollte nur ein Teil davon sein. Und das auch schon in den Jahrzehnten, in denen man morgens aufsteht, um Geld zu verdienen, und abends nach Hause kommt, um es auszugeben. Doch bis zur Rente ist Arbeit in unserer Gesellschaft nicht nur etwas, das wir tun. Sie macht aus, wer wir sind. Sie bestimmt, wie andere Menschen uns wahrnehmen und auch wie wir uns selbst sehen. Wie gut wir auf einer Party ankommen und worüber wir bei Dates, in unseren Posts und Storys oder beim Familienessen am zweiten Weihnachtstag sprechen.

Aber wenn unsere ganze Identität von unserer Lohnarbeit bestimmt wird, wer sind wir dann, wenn wir nicht mehr arbeiten müssen?

*

Ich konnte das gut beobachten, als meine Mutter nach 40 Arbeitsjahren in ihre verdiente Rente ging. Sie freute sich auf den Tag im Januar, ab dem sie nicht mehr arbeiten gehen musste. Und doch spürte ich in den Monaten davor, wie sie sich Sorgen machte. Immer wieder stellte sie sich die Frage: Und was dann? Bis zuletzt verdrängte sie das Thema. Zum Renteneintritt zog sie in eine andere Stadt, in eine neue Wohnung – insgeheim auch, um nicht doch noch freiwillig ein paar Jahre länger zu arbeiten. Und dann, angekommen in der neuen Umgebung, fiel sie, wie so viele frischgebackene Rentnerinnen und Rentner, in eine kleine Existenzkrise. Eine mit Ansage, aber das machte es nicht weniger schlimm. Manche Menschen stürzen sich in so einer Lage in ihren Garten und pflegen ihn wie ein sehr spät geborenes neues Kind. Andere werden depressiv, weil ihnen vermeintlich der Sinn im Leben fehlt – und das nur, weil sie nicht mehr arbeiten müssen. Studien zeigen sogar, dass einige Ruheständler schon in den ersten Jahren ihrer Rente früh sterben, weil sie sich nicht mehr gebraucht und damit nutzlos fühlen. Viele Menschen wissen in der Rente nichts mehr mit sich anzufangen, werden krank, bekommen oft psychische Probleme. Mit einer Ausnahme: Männer und Frauen, die hart körperlich gearbeitet haben. Sie leben in der Rente gesünder, weil bewusster und ausgeglichener. Doch alle anderen Rentnerinnen und Rentner, die in ihren Berufen zu den Mittel- und Gutverdienern zählten, haben im Ruhestand ein um bis zu viereinhalb Prozent erhöhtes Sterberisiko.[15] Denn ihnen fehlen die Anerkennung, die sozialen Kontakte, der Einfluss auf Entscheidungen – vieles, was ihr Leben bis dahin über Jahrzehnte mal mehr und mal weniger prägte. Eben weil Arbeit für sie oft alles war oder eben immer noch ist. Weil sie nicht loslassen können und auch gar nicht mehr wissen, wie das eigentlich geht. Sie können sich schlichtweg gar nicht vorstellen, wie ein Leben mit weniger Arbeit aussehen kann.

Auch meine Mutter reagierte, als sie bemerkte, wie schwer ihr das Nichtstun und das angebliche Nicht-gebraucht-Werden fielen. Nach nur wenigen Wochen in der Rente suchte sie sich neue Arbeit. Ein Ehrenamt und einen Minijob. Als sie mir davon erzählte, musste ich schmunzeln. Ich an ihrer Stelle wäre wahrscheinlich an verschiedenste Orte gereist, hätte all die Bücher gelesen, die auf meiner langen Liste stehen, und wäre ganz bestimmt einer Altherrenmannschaft beigetreten, um zweimal in der Woche Bälle gegen einen Pfosten oder auch mal ins Tor zu schießen. Das wäre aber auch schon das Verbindlichste gewesen, auf das ich mich einlassen würde. Und klar, mir wäre sicher irgendwann langweilig geworden, vielleicht nach ein paar Monaten oder Jahren, aber bis dahin hätte ich es genossen, erst einmal nichts tun zu müssen. Ich wäre zumindest nicht wie meine Mutter auf die Idee gekommen, gleich in den ersten Wochen der Rente wieder zu arbeiten.

Doch sie ist damit nicht allein. Die Zahl der Menschen im Rentenalter, die noch weiterarbeiten, steigt seit Jahren stark an.[16] Gab es im Jahr 2010 noch 685000 Beschäftigte, die mindestens 67 Jahre alt waren, sind es heute mehr als 1,05 Millionen Menschen, die in diesem Alter noch sozialversicherungspflichtig angestellt sind oder einen Minijob ausüben.[17] Bereits 70 Prozent aller Unternehmen beschäftigen Menschen, die im Rentenalter sind.[18] Die Zahl steigt natürlich auch, weil die Gesellschaft immer älter wird und Menschen länger fit bleiben. Und auch weil viele Rentnerinnen und Rentner in Altersarmut leben und gar nicht anders können, als weiterzuarbeiten. Schon heute ist fast jeder fünfte Rentner oder Rentnerin von Armut bedroht, hat also eine Rente, die unter 1135 Euro im Monat liegt.[19] Vor allem Frauen sind betroffen, jede Dritte steuert trotz Vollzeitjob auf eine Rente von unter 1.000 Euro im Monat zu.[20]

Babyboomer leben eher, um zu arbeiten, als andersherum.

Meine Mutter aber kann von ihrer Rente leben und könnte ihren Ruhestand genießen. Und doch kann sie nicht anders, als trotzdem noch zu arbeiten. Sie als Babyboomer ist Teil einer Generation, die eher lebt, um zu arbeiten, als andersherum. Die es nicht anders kennt und für die Arbeiten eben zum Leben dazugehört, solange man es noch irgendwie kann. Laut einer Befragung ist Arbeit den Deutschen fast so wichtig wie die eigene Familie. Für ein Drittel der Befragten ist der Job sogar wichtiger als alles andere.[21] Woher kommt dieser Arbeitsfetisch?

*

Klar, ein Job bringt Aufgaben und Verantwortung mit sich, die man im Optimalfall gerne macht bzw. hat. Und Arbeit sorgt auch dafür, dass wir uns mit Kolleginnen und Kollegen austauschen, Freundschaften schließen oder sogar Lebenspartner finden. Der Job ist immer noch eine der beliebtesten Partnerbörsen überhaupt. Ohne unsere Jobs würden wir so manche Kontakte niemals knüpfen und uns zu sehr in der eigenen Blase bewegen. Und normalerweise verbringt der Mensch viel Zeit in seinem Job, oft über 40 Stunden in der Woche, viele Jahrzehnte, mit nur wenigen Unterbrechungen. Eine kurze Auszeit, Urlaub, Elternzeit oder mal eine Krankheit, mehr Zeit ohne oder mit wenig Erwerbsarbeit ist eigentlich nicht vorgesehen.

Doch dass Arbeit für viele Ältere den Status einer Religion hat, liegt nicht nur an der vielen Zeit, die uns der Job nimmt. Ja, er nimmt sie uns, so ehrlich muss man sein. Das ist der Deal, den jeder und jede eingeht: Wir werden dafür bezahlt, unsere Zeit mit Arbeit zu verbringen. Auch wenn das viele Menschen nicht wahrhaben wollen. Das liegt am Arbeitsfetisch unserer Gesellschaft, der meiner Mutter und unseren Vorfahren über Generationen hinweg eingetrichtert wurde.

Schon in der Bibel steht mit »ora et labora« (bete und arbeite) niedergeschrieben, dass Arbeit alles zu sein habe. Der Mensch wird als ein Wesen definiert, das Gott dient, viel arbeitet und dafür von ihm belohnt wird. Der Christ verpflichtet sich Gott und der Gesellschaft gegenüber, jederzeit pflichtbewusst und möglichst erfolgreich zu arbeiten, um sich den Zugang zum Himmel zu verdienen. Selbst dort oben sollten wir nicht die Füße hochlegen, wenn es nach dem Geistlichen Johann Kaspar Lavater geht: Er findet, auch im Himmel »können wir ohne eine Beschäftigung nicht gesegnet sein«.[22] Es kommt nicht von ungefähr, dass viele Menschen nicht von ihrem Beruf, sondern ihrer Berufung sprechen. Arbeit ist im christlichen Ethos der Dienst am Mitmenschen, der unser Lebensmittelpunkt sein sollte. Und zwar so gut wie immer, denn ein guter Christ arbeitet an sechs Tagen, um sich am siebten davon auszuruhen, aber nur kurz, damit er am Tag darauf wieder fleißig sein kann. Arbeit ist tief im Christentum verankert, besonders im Protestantismus, weshalb man auch von der »protestantischen Arbeitsethik« spricht.[23] Sie lässt überhaupt nicht die Möglichkeit offen, Arbeit als Lebenszweck infrage zu stellen. Ein Gedanke, der nicht nur die christliche Religion, sondern die gesamte Menschheitsgeschichte prägte.

*

Die erste Arbeit begann mit Sichel und Pflug auf weiten Feldern, 5000 Jahre vor Christus. Bis dahin konnte der Mensch nicht mehr Dinge produzieren, als er zum eigenen täglichen Überleben brauchte. Denn er konnte im Gegensatz zu seinen Nachfahren noch keine Vorräte anlegen. Er jagte und sammelte. Er aß und trank, und sobald er fertig war, erholte er sich. Am nächsten Tag ging er dann erneut zur Jagd. Erst ab dem sogenannten Neolithikum, der Jungsteinzeit, begann der Mensch damit, Vorräte anzulegen.[24] Für sich, die Familie und den ganzen Stamm. Diese Jahrtausende gelten rückblickend als der Übergang von den Jägern und Sammlern zu den Hirten und Bauern. Darin besteht, historisch gesehen, auch der Anfang der Arbeit. In diesen Jahrtausenden konservierte der Mensch erstmals Nahrungsmittel. Er räucherte, salzte oder trocknete Fleisch, um es nicht sofort verzehren zu müssen. Er legte auch

Gemüse in Öl oder Früchte in Honig an, um sie länger lagern zu können. Und er kochte Lebensmittel in Salzwasser ab, um sie haltbarer zu machen. Die heutigen Konservendosen und Getränkeflaschen waren damals Tontöpfe, Amphoren oder Fässer.

Erst durch diese Vorratshaltung entstand eine erste Version der Marktwirtschaft.[25] Noch nicht so, wie wir sie heute kennen, aber in Ansätzen: Der Mensch stellte Waren und Produkte her und tauschte sie mit anderen. Später, mit der Erfindung und vor allem der Verbreitung des Geldes, kaufte und verkaufte der Mensch erstmals das, was er herstellte. In der Folge entstanden im Mittelalter mit Bäckern, Schmieden, Metzgern und Kaufleuten die ersten richtigen Berufsgruppen.[26] Und gleichzeitig, was dabei oft vergessen wird, gab es in all den Jahrhunderten Sklaven, die für andere arbeiten mussten. Sie wurden ausgebeutet, zwangsverpflichtet und mussten für andere schuften. Jahrtausendelang war Arbeit nämlich etwas, das die obersten Schichten, Adlige und Königsfamilien, für sich selbst ablehnten und durch andere erledigen ließen. Wer es sich leisten konnte, arbeitete nicht. Alle anderen mussten aber hart schuften, um irgendwie überleben zu können.

Im Übergang zur Landwirtschaft lag der Anfang der Arbeit.

Im 17. Jahrhundert entstanden Manufakturen, also erste Produktionsstätten von Handwerkern, die gemeinsam in unterschiedlichen Arbeitsschritten an Produkten arbeiteten. Sie waren sozusagen die vorkapitalistische Form von Fabriken.[27] Es kam zur ersten sogenannten professionellen und großflächig organisierten Arbeitsteilung, die Karl Marx und andere Denker später beschrieben. Also dazu, dass Menschen nicht mehr allein etwas herstellten, sondern gemeinsam: Jeder hatte eine andere Aufgabe, und zusammen sorgten diese Schritte dafür, dass ein Produkt entstand.

Dann veränderte die Erfindung der Dampfmaschine in den 1690er-Jahren alles. Erst wurde die Produktion professioneller, dann entstanden mit der Erfindung der Lokomotive und dem Eisenbahnausbau völlig neue Transportwege für Waren. Gleichzeitig kamen die Spinnmaschine und der mechanische Webstuhl auf den Markt, was wiederum die Arbeit von Millionen von Menschen veränderte. Es kam zur Industrialisierung, und aus den Manufakturen wurden erst kleine und dann große Fabriken.[28] Viele Produkte, die bisher in Handarbeit hergestellt worden waren, wurden nun von neuen Maschinen produziert. Die Arbeit des Menschen wurde dadurch nicht nur eintöniger, sondern auch gefährlicher. Unfälle waren in den Fabriken keine Seltenheit, so etwas wie Arbeitsschutz oder komplizierte Vorschriften gab es noch nicht. Trotz der Hilfe durch Maschinen mussten die Arbeiterinnen und Arbeiter immer noch so viel arbeiten wie zuvor: oft zwölf Stunden oder länger am Tag, auch an den Wochenenden. Sie verdienten wenig, lebten oft in heruntergekommenen Hinterhöfen, auch ihre Söhne und Töchter mussten schon im Kindesalter regelmäßig arbeiten, damit ihre Familien überleben konnten. Und wer krank war, bekam gar kein Geld.

Auch deshalb organisierten sich im 19. Jahrhundert erstmals Arbeiterinnen und Arbeiter – die Vorläufer von Gewerkschaften entstanden.[29] In den sogenannten Arbeitervereinen verbündeten sich die verschiedenen Berufsgruppen. Gemeinsam gründeten sie Unterstützungskassen, in die alle Mitglieder der Vereine einbezahlten. Wurde dann ein Arbeiter krank, bekam er von diesem solidarisch gesammelten Geld etwas ab, damit er überleben konnte. Jahrzehnte später kam es dann zu den ersten Arbeitskämpfen und Streiks. Später wurden Gewerkschaften gegründet, und die Berliner Maurer setzten 1871 den Zehnstundentag durch. Zwei Jahre danach folgte der bundesweit erste Tarifvertrag, der die Löhne und Arbeitsbedingungen in Druckereien festlegte und vielen Branchen als Vorbild diente.[30] Auch die Politik reagierte: Reichskanzler Otto von Bismarck führte die gesetzliche Krankenversicherung, die Unfallversicherung und 1891 die Deutsche Rentenversicherung ein.[31]

Und dann, als wären Berufe im Leben der Menschen nicht schon zentral genug gewesen, entdeckten die Nationalsozialisten den Wert der Arbeit für sich und ihre Ideologie. Zwar wurden Gewerkschaften von den Nazis verboten, trotzdem wurde Arbeit zum immanenten Teil der NS-Ideologie. »Arbeit macht frei« stand an den Eingängen vieler Konzentrationslager, und im ganzen Reich wurde die harte Arbeit der Bürgerinnen und Bürger instrumentalisiert.[32] Der Deutsche arbeitete nun für sein Volk und nicht nur für sich selbst. Selbst das Kinderkriegen war ein Dienst am Vaterland, das mit Abzeichen belohnt wurde, damit noch mehr Nachwuchs am neuen Reich arbeiten konnte. Und im Gegenzug wurde der angeblich Faule oder zu Gierige – meistens waren damit Jüdinnen und Juden gemeint – verachtet.

Bis heute gibt es den protestantischen Mythos, dass die Deutschen fleißiger, pünktlicher und besser arbeiten würden als viele andere. Als sei Arbeit den Deutschen besonders wichtig. Laut dem Sozialphilosophen Nikolaus Lelle liegt das daran, dass dieser Gedanke aus der Bibel und der deutschen Geschichte hinein in die Gegenwart vererbt wurde. Auch wenn sich der arbeitende Mensch heute nicht mehr für sein Volk aufopfert, ist laut Lelle eines geblieben: »Die Ideologie von Arbeit, wonach jeder Job besser ist als keiner«.[33] Das lässt sich in der deutschen Geschichte immer wieder beobachten, etwa nach Kriegsende während des Wirtschaftswunders im Westen, als es darum ging, dass jeder mit Arbeit alles erreichen könne.

Als der Marshallplan verabschiedet und die soziale Marktwirtschaft eingeführt wurde, war klar, dass der Wiederaufbau des Landes nur mit viel Arbeit gelingen könnte. Auch dadurch wurde die Arbeit zu etwas, das die Identität vieler Menschen prägte. Auch im anderen Teil Deutschlands, der DDR, war Arbeit jederzeit zentral und Teil der sozialistischen Propaganda. Nicht umsonst nannte sich die DDR einen »Arbeiter-und-Bauern-Staat«.[34] Erst zeigte das Wappen der DDR nur einen Hammer und Ährenkranz als Symbol für die Arbeiter und Bauern, ab dem Jahr 1955 dann auch einen Zirkel als Zeichen für die Intelligenz der Akademikerschicht.[35]

Arbeit war in Deutschland stets heilig.

Anders als im Kapitalismus im Westen sollte es in der DDR aber nicht darum gehen, für irgendeinen Fabrikbesitzer zu arbeiten, sondern für den Staat und damit letztendlich auch für sich selbst. Dadurch sollte Arbeit weniger »entfremdet« und dem Menschen näher sein als drüben im Kapitalismus. In der Theorie würde die Arbeiterklasse irgendwann gemeinsam mit den Bauern die Herrschaft übernehmen und damit den Kommunismus einführen. Egal, ob bei der Parade am Tag der Arbeit, dem Ersten Mai, in den Schulen oder bei Dienstjubiläen: Arbeit war etwas, das die DDR für ihre Propaganda nutzte. Nicht umsonst gab es in der Verfassung ein Recht auf Arbeit, das allen Bürgerinnen und Bürgern des Landes zumindest in der Theorie gesetzlich garantiert wurde.[36] Ob im Nationalsozialismus oder später im Sozialismus im Osten und im Kapitalismus im Westen: Arbeit war in allen Formen Deutschlands heilig, wie eine Religion, die über allem steht.

*

Der Mensch verbringt also viel Zeit mit Arbeit und ist, ob durch seinen Glauben oder sein soziales Umfeld, damit aufgewachsen, dass Arbeit im eigenen Leben zentral zu sein hat. Erklärt das schon, weshalb Menschen wie meine Mutter sich so an ihre Arbeit klammern, dass sie ihre Identität bestimmt? Nicht ganz. Arbeit hat darüber hinaus eine gesellschaftliche Funktion, die nicht zu unterschätzen ist: Arbeit schafft Anerkennung. Sie dient längst nicht nur dazu, den eigenen Lebensunterhalt zu sichern. Arbeit hilft dem Menschen, sein Leben so zu führen, wie er es will. Finanziell, materiell, aber auch im Zusammenleben mit anderen. Nur weil jemand morgens aufsteht und die Bahn steuert, kommen Pendlerinnen und Pendler zu ihrer Arbeit. Nur weil jemand die Tür der Kita öffnet und Kinder empfängt, funktioniert der Alltag von Familien. Nur weil andere pflegen, lehren, kochen und Dinge verkaufen und entsorgen, läuft unsere Gesellschaft. Ohne Arbeit würde nicht nur der Einzelne, sondern auch unsere Wirtschaft und Gesellschaft in sich zusammenfallen.

Der Philosoph Axel Honneth glaubt sogar, dass unsere Demokratie ohne Arbeit nicht funktionieren würde. »Um zu wissen, weshalb wir uns für das Gemeinwesen engagieren sollten, müssen wir erfahren, warum uns die Nöte und Sorgen anderer etwas angehen«, sagt Honneth.[37] Und das erlebe der Mensch in seinem Job, durch den Austausch mit Kolleginnen und Kunden. In seiner Arbeit müsse der Mensch mit anderen kooperieren, und genau darin liege der Wert von Arbeit für die Demokratie. Das beginne in der Erziehung, wenn Kinder ihre Meinung äußern und die der anderen respektieren sollen. »Das geht in der Schule weiter, wo Jugendliche zu zukünftigen Bürgerinnen und Bürgern erzogen werden, indem sie Mitbestimmung erlernen. Und das kann und sollte sich in der Arbeitswelt fortsetzen«, sagt Honneth. Wer arbeitet, lernt demnach andere Lebensrealitäten kennen: Die Bankerin trifft auf den überschuldeten Kunden, der Anwalt vertritt die Arbeitslose, und als Journalist lernt man in Recherchen Menschen kennen, mit denen man sonst keinen Kontakt hätte. Ich erinnere mich besonders gerne daran, wie ich mal einen Tag lang in einem LKW mitgefahren bin, eine Zirkusfamilie begleitete oder hinter den Kulissen des Teleshoppings mit den Moderatorinnen sprach. All diese Begegnungen prägen einen Menschen und seine Sicht auf die Welt, argumentiert Honneth. Und er glaubt, dass das letztendlich dazu beiträgt, dass sich Menschen aktiv in der Demokratie engagieren. Vor allem dann, wenn sie in ihrem Job lernen, dass es sich lohnt, wenn man sich einbringt. Dass man etwas verändern kann, im Kleinen wie im Großen. Dadurch lerne der Mensch die Demokratie schätzen und entwickle erst ein Gespür dafür, sich politisch oder ehrenamtlich einzubringen. Ohne Arbeit würde demnach ein essenzieller Bestandteil der Gesellschaft nicht funktionieren.

*

Meine Generation ist sich bewusst, wie wichtig Arbeit für den Einzelnen, aber auch die Gesellschaft ist. Genau deshalb hinterfragt sie Arbeit kritischer und deutlicher, als es in den Jahrzehnten zuvor getan wurde. Sie lehnt Arbeit auch nicht ab, wie oft behauptet wird. Sie will Arbeit nur anders denken. Das Erbe des protestantischen Arbeitsethos schrumpft und verliert für uns an Bedeutung. Für uns ist Arbeit keine vaterländische Verpflichtung mehr. Auch halten wir den Glauben, Deutsche seien fleißiger als andere, für albern. Genauso wie wir uns dagegen wehren, den Wert von Berufen völlig zu überhöhen. Arbeit ist uns wichtig, aber ist eben nicht mehr alles. Arbeit hat die Hauptrolle in unseren Leben verloren und ist nur noch eine von vielen.

Meine Generation ist weit entfernt von den Babyboomern, die immer mehr gearbeitet haben, um es besser zu haben als ihre Eltern. In dieser Idee, alles erreichen und aufsteigen zu können, lag, wenn man so will, der letzte ideologisch aufgeladene Funken von Arbeit. Unsere Großeltern und Eltern wuchsen mit dem festen Glauben auf, durch harte fleißige Arbeit sozial aufsteigen zu können. Vom Tellerwäscher zum Millionär, von unten nach oben – und wenn nicht ganz an die Spitze, dann wenigstens in den gehobenen Mittelstand. Mit viel Fleiß und Schweiß ist alles möglich, hieß es damals.

Das Versprechen, es einmal besser zu haben, gilt schon lange nicht mehr.

Meiner Generation ist klar, dass das ein Relikt der Vergangenheit ist. Das Versprechen, es einmal besser zu haben, gilt schon lange nicht mehr. Der Arbeitsfetisch vorheriger Generationen funktioniert aber nur, wenn er mit einer positiven Aussicht und einem Versprechen auf Besserung verknüpft ist. Die junge Generation hingegen fragt sich: Warum für eine Rente arbeiten, die es später wahrscheinlich nicht mehr gibt? Weshalb sich für Erfolge abarbeiten, wenn die eigene Existenz ohnehin durch den Klimawandel bedroht ist?

*

Spätestens die Coronapandemie hat vielen jungen Menschen gezeigt, wie schnell das Leben vergehen kann. Die Jungen haben gefühlt Jahre verloren: keine Abiturfeier, keine Reise danach, viele konnten nicht einmal ihren 18. Geburtstag feiern oder ihren neuen Führerschein nutzen, um an den Wochenenden mit Freunden wegzufahren. Andere mussten auf das Auslandssemester in London oder Prag verzichten oder ihre Praktika, von denen sie sich so viel versprachen, komplett oder größtenteils im Homeoffice verbringen. Wiederum andere mussten ihren Umzug in die Großstadt verschieben oder ihre erste Ausbildung mitten in der Pandemie beginnen, mit Masken und Abstand, aber ohne Normalität. Viele mussten Teile ihrer Jugend aufgegeben und sind nach dieser Erfahrung nicht mehr dazu bereit, jetzt noch mehr Lebenszeit für Lohnarbeit zu opfern.

Auch viele Berufstätige haben in der Pandemie gelernt, dass das Leben so ganz anders sein kann als mit einer 40-Stunden-Woche, Überstunden und langen Wegen zum Büro in vollen Bahnen oder auf noch volleren Straßen. Sie haben entschleunigt, waren in Kurzarbeit und haben im Homeoffice Hobbys wiederentdeckt. Sie kümmerten sich endlich um den Balkon, verbrachten mehr Zeit mit Partnerinnen und Partnern, Kindern oder Büchern. Erstmals wurde vielen Menschen bewusst, wie viel Leben ihnen vor lauter Arbeit normalerweise entgeht. Kurz gesagt: Die meisten von uns haben in irgendeiner Form Abstand von Arbeit genommen und sie dadurch erstmals wirklich kritisch hinterfragt.

Wie so viele junge Menschen wurde ich als Berufseinsteiger genau in dieser Zeit sozusagen arbeitssozialisiert. Meinen ersten Job kurz nach der Journalistenschule begann ich wenige Monate vor Ausbruch der Coronapandemie. Ich arbeitete vom ersten Tag an gerne – es war aufregend, nun Kollegen und Vorgesetzte zu haben und ein Gehalt überwiesen zu bekommen. Plötzlich war da auch ein Platz im Büro, der für mich gedacht war, es gab eine Weihnachtsfeier und ein Gefühl von Zugehörigkeit.

Es war verrückt, im ersten Lockdown plötzlich in meinem WG-Zimmer statt im Büro zu arbeiten. Ich war, anders als viele andere, nie in Kurzarbeit und musste auch nicht um meinen Job bangen. Und trotzdem habe auch ich in der Pandemie zwischen Blumenkästen und Puzzleteilen angefangen, über die Frage nachzudenken, wie ich eigentlich den Rest meines Lebens arbeiten will. Fragen, die sonst im Alltag untergehen. Schon früh wurde mir bewusst, dass mein Job mir wichtig ist. Aber dass es auch Wichtigeres im Leben gibt, angefangen bei der eigenen Gesundheit bis hin zum Blick auf die eigene Identität. Schon als Berufseinsteiger stellte ich fest, dass Arbeit für mich etwas anderes ist, als es das je für meine Mutter war.

Ich habe es vermisst, ins Büro zu gehen, aber auch schätzen gelernt, mehr Zeit zu Hause zu haben. Es hat mich gestört, viele Kolleginnen und Kollegen nur digital zu sehen – und ich habe gleichzeitig gemerkt, dass Teile meiner Arbeit auch mit Onlinekonferenzen und in den eigenen vier Wänden gut funktionieren. Und ich habe gelernt, wie produktiv man sein kann, wenn man sich auf eine Sache konzentriert. Genauso wie ich den Arbeitsschutz kennenlernen musste, als der Rücken nach wochenlangem Arbeiten auf der Couch oder am kleinen Küchentisch schmerzte. Ebenso lernte ich früh, wie wichtig es ist, im Homeoffice abends den Laptop zuzuklappen und wirklich Feierabend zu machen – auch wenn die Arbeit jederzeit greif-bar ist. All diese Erfahrungen haben mich gelehrt, dass Arbeit nicht alles bestimmen darf.

Das sehen viele junge Menschen so, mit denen ich und meine Kolleginnen und Kollegen über ihre Jobs sprechen. Zum Beispiel der 21-jährige Lars Gesang, der im IT-Außendienst arbeitet. Er würde am liebsten nach Leistung statt nach Arbeitszeit bezahlt werden. »Es geht mir nicht darum, weniger zu arbeiten, sondern nicht sinnlos Zeit absitzen zu müssen«, sagt Gesang.[38] Das habe nichts damit zu tun, arbeitsscheu oder faul zu sein. Im Gegenteil: Er sei schon immer mit viel Arbeit aufgewachsen. Sein Vater sei nach seiner Ausbildung selbstständig gewesen, er habe mehrere Firmen aufgebaut, eine Currywurstbude, einen Wohnwagenverkauf, eine Autoreparatur und eine Firma für Innendesign. Gesang selbst fing schon mit zehn Jahren an zu jobben, half, Häuser zu renovieren, bedruckte T-Shirts, trug Zeitungen aus. Mit 16 Jahren begann er seine Ausbildung zum Elektroniker, die er wegen der Pandemie etwas später abschloss als geplant. Gesang wurde gleich an seinem ersten Arbeitstag in einem US-amerikanischen Unternehmen zum Ausbilder für andere befördert. Er baute mit einem Kollegen eine Abteilung auf, übernahm viel Verantwortung und organisierte Projekte im sechsstelligen Bereich – und bekam dafür am Monatsende nur 2250 Euro brutto. »Das war eine Frechheit, also habe ich gekündigt«, sagt Gesang. In dieser Zeit begriff er: »Arbeit ist Mittel zum Zweck, wir machen das alle fürs Geld.« Also suchte er sich einen neuen Job und arbeitet nun im IT-Außendienst für einen dänischen Schulverein. Er hat jetzt einen Tarifvertrag, geregelte Arbeitszeiten und Gleitzeit. Und er macht immer wieder deutlich, dass er nicht länger arbeitet, als er muss, und außerhalb dieser Zeiten für niemanden erreichbar ist. »Die meisten Kollegen sind etwa 20 Jahre älter als ich und können meine Einstellung nicht nachvollziehen«, sagt Gesang. Müssen sie auch nicht, sie sollten sie nur akzeptieren.

Denn eines ist sicher: Die Generation Anspruch wird den Stellenwert von Arbeit in unserer Gesellschaft ohnehin verändern. Und damit nicht nur ihre eigenen Jobs, sondern langfristig den gesamten Arbeitsmarkt.

Kapitel 2

Wer weniger arbeiten will, ist nicht faul

Für meine Mutter war es selbstverständlich, länger auf der Arbeit zu bleiben, wenn ihre Schicht eigentlich schon vorbei war, es aber immer noch viel zu tun gab. Oder mal früher zu kommen, wenn noch etwas vorbereitet werden musste. Oder an drei Wochenenden hintereinander einzuspringen, wenn eine Kollegin oder ein Kollege krank wurde. Viele Jahre kam sie auch überhaupt nicht auf die Idee, sich diese vielen Überstunden aufzuschreiben oder gar auszugleichen. Nicht in ihrer Ausbildung, auch nicht im Nachtdienst als Berufseinsteigerin oder später als fest angestellte Pflegekraft in einem Seniorenheim. Dort war es fast schon üblich, so lange zu arbeiten, bis alles erledigt war, und wiederzukommen, wenn etwas Neues anstand.

In sozialen Berufen fällt es Angestellten besonders schwer, pünktlich zu gehen. Man fühlt sich verantwortlich und will nicht schuld daran sein, dass andere Menschen schlechter versorgt sind, weil man Feierabend macht. Das führt auch dazu, dass man am Wochenende immer erreichbar ist und bis auf wenige Ausnahmen immer einspringt, wenn irgendjemand ausfällt und Hilfe gesucht wird. Immer wieder hörte ich von meiner Mutter, dass sie ja die Kollegen und vor allem die Seniorinnen und Senioren einfach nicht allein lassen könne. Und dass sie ihren Job doch gerne mache.

Auch ich arbeite gerne. Und ja, auch ich bin dazu bereit, mehr zu tun als das, was im Arbeitsvertrag vorgesehen ist. Ich klappe den Laptop nicht immer pünktlich zu, bleibe länger für große Projekte oder Recherchen, die mir etwas bedeuten, und helfe Kolleginnen und Kollegen, wenn sie es brauchen. Oder ich schreibe in meiner Freizeit dieses Buch, gebe Interviews und denke auch am Sonntag beim Spaziergang über neue Themen nach. Ich bin da längst nicht so radikal wie einige meiner Freundinnen und Freunde, die jeden Tag zur selben Zeit aufhören zu arbeiten – völlig egal, welche Aufgaben dann erst morgen erledigt werden können. Ich bin bereit, mehr zu arbeiten – und will trotzdem auf keinen Fall so enden wie viele der Menschen, mit denen ich in meinem Job als Journalist regelmäßig spreche: Rentnerinnen und Rentner, die ihr Leben lang eigentlich nur geschuftet und geschlafen haben, aber kaum Geschichten erzählen können. Oder die vielen Arbeitssüchtigen, für die Zwölf-Stunden-Schichten entspannte Arbeitstage sind. Und erst recht nicht wie die vielen Politikerinnen, Manager oder Selbstständigen, die weder Zeit für ihre Familie noch für sich selbst, sondern nur für den Job haben.

Die allermeisten von ihnen bereuen das übrigens, wenn man sie am Ende ihres Arbeitslebens fragt, was sie rückblickend anders machen würden. Kaum jemand blickt in der Rente zurück und sagt: Ach, hätte ich doch mal mehr gearbeitet. Oder: Wie schade, dass so viel Zeit mit meinen Kindern verschwendet habe, anstatt meine Karriere zu forcieren. Im Gegenteil, die allermeisten würden ihrem früheren Ich gerne raten, mehr Zeit mit der Familie als im Job zu verbringen. Es ist also vollkommen richtig, wenn junge Menschen genau das jetzt umsetzen. Und nicht so lange damit warten, bis es zu spät dazu ist. Bis es kein Zurück mehr gibt und man sich daran gewöhnt hat, so zu arbeiten, wie man es tut. Bis es selbst dann nicht mehr hilft, wenn Angehörige sich beklagen und man nicht mehr gegensteuern kann, weil das mit einem Karriererückschritt gleichzusetzen wäre. Den meisten Menschen ist durchaus bewusst, dass sie zu viel arbeiten, aber ihnen fehlt der Mut, das zu ändern.

Kaum jemand blickt aufs Leben zurück und sagt: Ach, hätte ich doch mal mehr gearbeitet.

*

Eigentlich ist der Tag eines Angestellten in Deutschland klar geregelt: acht Stunden arbeiten, acht Stunden Freizeit, acht Stunden Schlaf. So steht es zumindest im Gesetzesbuch, auch wenn leitende Angestellte, Selbstständige oder Menschen in der häuslichen Betreuung davon ausgenommen sind.[39] Für den Rest gilt der Achtstundentag, den die Arbeiterbewegung in der Novemberrevolution im Jahr 1918 in Deutschland durchgesetzt hat.[40] Aber eben nur in der Theorie. Die Praxis sieht oft anders aus. Mehr als jeder achte Angestellte in Deutschland macht laut Zahlen der Bundesregierung regelmäßig Überstunden.[41] Das sind 4,5 Millionen Menschen, die mehr Wochenstunden arbeiten, als es in ihren Verträgen vorgesehen ist. Einige, rund ein Drittel, machen weniger als fünf Überstunden in der Woche.[42] Die große Mehrheit aber bis zu zehn Stunden oder mehr. Gemeinsam sammeln sie allein in Deutschland pro Jahr etwa 1,3 Milliarden Überstunden. Das entspricht laut dem Institut für Arbeitsmarkt- und Berufsforschung 809000 Vollzeitstellen.[43] Eine unglaubliche Zahl, die zeigt, wie viel schiefläuft auf dem Arbeitsmarkt.

Vor allem für Bankerinnen, Unternehmensberater oder Versicherungsmaklerinnen gehört diese Mehrarbeit einfach quasi zum Berufsbild gratis mit dazu. Doch nicht nur dort, in fast allen Branchen gibt es Betriebe, die ohne Überstunden nicht funktionieren würden. Arbeitgeber, die fest damit kalkulieren, dass ihre Angestellten mehr machen, als sie vertraglich müssten. Die einen bleiben länger im Büro, weil sie glauben, dadurch schneller aufsteigen zu können (was oft nicht funktioniert, aber vom Vorgesetzten suggeriert wird). Die anderen schaffen ihre Aufgaben in der dafür vorgesehen Zeit einfach nicht, weil ihnen vom Arbeitgeber zu viel zugeteilt wurde oder weil es strukturell so bedingt ist. Das alles führt dazu, dass Menschen sich oft auch in ihrer Freizeit noch mal an die offenen Aufgaben setzen. Da ruft der Chef kurz vor Feierabend an und fragt, wann das Projekt endlich fertig werde, oder die überforderte Kollegin gibt ihre To-dos des Tages ab, weil sie zu einem wichtigen Termin muss. Wenn es überhaupt Kollegen gibt, die die Aufgaben übernehmen könnten – oft trägt nur einer die Verantwortung, und dann heißt es: Was nicht fertig wird, wartet morgen als Überhang, was wiederum dazu führt, dass das, was dann nicht fertig wird, übermorgen wartet. Ein irrer Kreislauf, der viele Menschen in ihren Jobs belastet und unter Druck setzt.

Selbst die Politik unterstützt das. Entweder dadurch, dass Finanzminister Christian Lindner öffentlich »mehr Überstunden« fordert oder CDU-Politiker Carsten Linnemann vorschlägt, dass Überstunden steuerfrei entlohnt werden sollten.[44] Eine Idee, die sinnvoll klingen mag, aber ein fatales Zeichen entsendet: Überstunden sind demnach nicht etwas, das man verhindern, sondern fördern sollte. Linnemann begründete das wie folgt: »Der Staat sollte mehr Leistung belohnen« und Unternehmen, die kein Personal finden, entlasten.[45]

Ja, Linnemann hat recht, Leistung sollte belohnt werden, und der Fachkräftemangel ist enorm. Aber diese Lücke mit Überstunden ausgleichen zu wollen, ist falsch. Erstens, weil ohnehin schon sehr viele Überstunden gemacht werden. Und zweitens, weil Überstunden nichts darüber aussagen, wie viel jemand leistet. Ohnehin ist die reine Arbeitszeit kein Indikator dafür, wie produktiv jemand ist. In manchen Jobs, etwa am Fließband oder in der Versicherungsbranche, kann man Leistung recht genau messen, entweder an der produzierten Stückzahl oder den neu abgeschlossenen Verträgen. In manchen Jobs gibt es feste Zielvereinbarungen, die am Ende des Arbeitsjahres geschafft sein müssen, damit jemand eine Bonuszahlung oder Beförderung erhält. Man kann hinterfragen, ob das der Arbeitswelt entspricht, in der wir leben wollen. Ob das den Menschen nicht noch mehr auslaugt oder die Konkurrenz unter den Kolleginnen und Kollegin krankhaft werden lässt. Aber zumindest reden wir hier von einem transparenten System.

Doch in den meisten Jobs, egal, ob in Behörden, in der Pflege oder in kreativen Berufen, gibt es solche Kennzahlen nicht. Keine Messungen, keine Zielvereinbarungen und erst recht keine Bonuszahlungen, die von irgendwelchen Ergebnissen abhängig sind. Wenn überhaupt, werden alle Angestellten am Gesamtgewinn beteiligt und erhalten in wirtschaftlich guten Jahren ein höheres Weihnachtsgeld. Oder je nach Funktion im Unternehmen eine Zulage. Und in diesen Berufen sollte man ehrlich sein: Leistung ist subjektiv und kann nicht gemessen werden. Doch stattdessen wird Leistung in solchen Jobs oft fälschlicherweise mit Arbeitszeit gleichgesetzt, was Überstunden automatisch zur überragenden Leistung verklärt.

Man kann aber Überstunden machen und gleichzeitig völlig unproduktiv sein. Der eine arbeitet abends länger, weil er mittags zu viel mit den Kollegen in der Kantine gequatscht hat. Der andere arbeitet auch am Wochenende, weil er unter der Woche zu unkonzentriert war, um seine Aufgaben zeitig zu erledigen. Und wiederum andere machen Überstunden, weil sie sich nicht eingestehen wollen, wie langsam sie arbeiten, aber trotzdem lieber heute als morgen den Auftrag beenden wollen. Dann wird's morgen entspannter. Studien zeigen, dass die Produktivität eines Menschen bereits nach sieben Arbeitsstunden stark sinkt.[46] Barbara Prainsack, die an der Universität Wien arbeitet und Vorsitzende der Ethik-Kommission der Europäischen Kommission ist, spricht sogar davon, dass sechs Arbeitsstunden am Tag ideal wären.[47] In dieser Zeit könne man am effektivsten arbeiten und fühle sich gleichzeitig nicht überlastet. Wer hingegen länger am Stück arbeitet, macht häufiger Fehler, erleidet mehr Unfälle und ist abends sicher nicht erholter, sondern noch gestresster von seinem Job. Wer mehr Stunden in der Woche arbeitet, leistet also nicht unbedingt mehr. Im Gegenteil, er trifft in der Regel sogar mehr falsche Entscheidungen. Wieso sollte er dann mehr verdienen? Es wäre völlig falsch, Überstunden zu fördern. Vielmehr muss es darum gehen, diese Mehrarbeit abzubauen, weil Angestellte ohnehin schon zu viel davon machen.

Nach sieben Arbeitsstunden sinkt die Produktivität eines Menschen stark.

Und nicht nur das: Viele Angestellte machen auch keine richtigen Pausen. 18 Prozent, also fast ein Fünftel aller Beschäftigten, geben in Umfragen an, in ihrem Job keine richtige Ruhezeit zu haben oder sie einhalten zu können.[48] Wer in Deutschland mehr als sechs und bis zu neun Stunden arbeitet, hat eigentlich ein gesetzliches Recht auf eine Pause von 30 Minuten. Arbeiten Beschäftigte mehr als neun Stunden am Stück, müssen sie mindestens 45 Minuten lang pausieren.[49] Wir reden hier nicht von einem Privileg oder einem Entgegenkommen der Arbeitgeber, sondern von einem gesetzlichen Recht und einer Pflicht. Doch viele Menschen haben in der Realität nur wenige Minuten Pause, andere gar keine, weil die nächsten Kundinnen und Kunden warten, Schichten unterbesetzt sind oder die Chefin darauf drängt, dass der Auftrag auf jeden Fall heute noch erledigt werden muss. So entfallen systematisch und immer wieder Pausen – und das führt nicht nur zu mehr Fehlern und Unfällen, sondern kann Menschen auf Dauer krank machen.

*

Nur die wenigsten Menschen machen also regelmäßig Pausen und schaffen den pünktlichen Feierabend. Vor allem Führungskräfte sind weit davon entfernt und machen im Schnitt 7,6 Überstunden pro Woche.[50] Meistens erhalten sie dafür noch nicht einmal mehr Geld, oft können sie diese Zeit auch nicht ausgleichen – sondern sie verschwindet, Woche für Woche, Monat für Monat. Zu viele Menschen orientieren sich in ihrem Job an einem realitätsfernen Ideal, an einem Niveau, das schwer zu erfüllen ist. Sie betrügen sich selbst, indem sie sich immer wieder vornehmen, weniger Überstunden zu machen, um dann doch mit knurrendem Magen um 21 Uhr noch Telefonate zu führen und E-Mails zu verschicken.

Für eine meiner Recherchen habe ich Menschen gefragt, wie viel Mehrarbeit sie leisten. Unserer Redaktion schrieb eine Verwaltungsangestellte, die seit »anderthalb Jahren im Dauerstress« ist, weil ein Projekt das nächste jagt:[51] »Das Arbeitspensum ist zu hoch, und das ärgert mich.« Deshalb müsse sie oft Aufgaben liegen lassen oder könne sie nicht in dem Maße erledigen, wie sie das eigentlich tun möchte. Das liege auch an ihr selbst, sie müsse lernen, öfter Nein zu sagen. Auch eine Mitarbeiterin im Außendienst, die offiziell keine Überstunden machen soll, aber allein für 40 Märkte verantwortlich ist und deshalb pro Woche in etwa 15 Stunden mehr arbeitet als generell vorgesehen, schrieb uns: »Es ist schlichtweg unmöglich, alles halbwegs gut zu betreuen.« Vor allem der bürokratische Aufwand und die vielen Meetings würden dazu führen, dass sie fast nie pünktlich fertig werde. Da sie zusätzlich auch noch lange Fahrtzeiten habe, weil sie zu den unterschiedlichen Märkten reisen müsse, komme sie gar nicht mehr hinterher. »Ich habe im vergangenen Jahr 400 Überstunden gemacht«, schrieb sie. Genauso wie ein Analyst, der jede Woche 60 Stunden arbeitet, ohne sich die Mehrarbeit aufzuschreiben, und eine Ärztin, die auch nach einer 24-Stunden-Schicht weiterarbeiten muss und froh ist, dass ihr »bislang noch kein gravierender Fehler unterlaufen ist«.

Viele der dreißig von uns befragten Leserinnen und Leser erzählten, dass Überstunden in ihren Unternehmen dazugehörten und sie diese auch nicht bezahlt bekämen oder ausgleichen könnten. Auch die elektronische Arbeitszeiterfassung, die für alle Angestellten in Deutschland gilt, dürfte daran wenig ändern. Nach einem Urteil des Bundesarbeitsgerichts aus dem Jahr 2022 müssen Unternehmen vom Gesetzgeber dazu verpflichtet werden, ein System zur Arbeitszeiterfassung zu etablieren.[52] Demnach sollen der Beginn, das Ende und die Dauer der täglichen Arbeitszeit festgehalten werden. Bislang tun das bundesweit nur sechs von zehn Unternehmen. Es ist gut, wenn das in Zukunft alle machen müssen. Nur sollte jedem klar sein: Überstunden werden sich dadurch nicht erledigen. Auch wenn nun immer mehr Firmen Excel-Tabellen, Apps oder andere Tools dafür entwickeln: Die Mehrarbeit bleibt, vielleicht wird sie etwas transparenter und häufiger ausgeglichen, aber sie ist weiterhin ein fester Bestandteil von Arbeit. Zumindest so lange, wie Angestellte das hinnehmen.

Leistung hat für uns wenig mit Arbeitszeit zu tun.

*

Die Generation Anspruch geht mit einer ganz anderen Haltung an das Thema heran: Überstunden ja, aber nur dann, wenn sie wirklich notwendig sind, als Ausnahme von der Regel. Leistung hat für uns wenig mit Arbeitszeit zu tun, sondern damit, wie viele Aufgaben man schafft und welche Ziele man sich selbst gesetzt hat.

Ich mache jeden Tag Pause, mit den Kolleginnen und Kollegen im Büro mal länger, im Homeoffice meistens kürzer.

Aber in der Regel so lange wie vorgeschrieben. Manche meiner Freunde schwören auf das Pomodoro-Prinzip: 25 Minuten konzentriert arbeiten, dann fünf Minuten Pause. Dann geht's weiter und erst nach vier Zirkeln eine Pause von 15 Minuten. Angeblich ist man damit am effektivsten und arbeitet besonders produktiv. Ich habe es beim Schreiben dieses Buchs mal versucht – und bin gescheitert. Was ich brauche, sind richtige Pausen. Und auch wenn sich das nach einem Start-up-Klischee anhören mag: Am liebsten verbringe ich diese nicht nur mit Mittagessen, sondern mache einen Spaziergang oder treffe Kolleginnen und Kollegen an der Tischtennisplatte oder beim Kickern. Das geht nicht überall, aber eine Runde um den Block hat fast denselben Effekt.

Wenn ich Überstunden mache, gleiche ich sie aus. Die Kolleginnen und Kollegen in meinem Team legen Wert darauf, dass das auch wirklich eingehalten wird. Weil wir wissen, wie schädlich es sein kann, wenn Menschen überarbeitet sind – immerhin berichten wir regelmäßig darüber. Und weil man die meisten Abläufe dann doch so organisieren kann, dass jeder Angestellte zu seinem verdienten Feierabend kommt. Junge Menschen hinterfragen immer häufiger, wenn es heißt: »Nein, das muss heute noch gemacht werden, das haben wir immer schon so gemacht.«

Ein echter Feierabend und Freizeit, die man auch so nennen kann, wird jungen Angestellten immer wichtiger: Laut einer Studie würde mehr als jeder zweite junge Mensch seinen Job kündigen, wenn er ihn an einem erfüllten Privatleben hindert.[53] Ohne genug Pausen und arbeitsfreie Abende würden die meisten jungen Menschen heute keine Stelle mehr annehmen. Auch eine repräsentative Umfrage der Wirtschaftsprüfungsfirma EY zeigt, dass junge Arbeitnehmerinnen und Arbeitnehmer anders denken als ihre Eltern und Großeltern, die noch an den amerikanischen Traum, den Aufstieg und das

Ackern glaubten.[54] Neben der Höhe des Gehalts ist es heute für junge Menschen genauso wichtig, dass die Arbeit mit dem Leben vereinbar ist. Ein Job soll Spaß machen, abwechslungsreich sein, gelegentlich auch stressig, aber doch nicht immer. Das mag für Babyboomer vermessen klingen, ist aber alles andere als das. Es ist nicht mehr verhandelbar.

*

In dem Vorwurf, meine Generation sei faul, wenn sie weniger Lohnarbeit leisten will, schwingt immer auch der stolze Verweis mit, alle vorherigen Generationen seien eben viel fleißiger gewesen (wobei Fleiß durch die Anzahl an Stunden gemessen wird, die sie am Arbeitsplatz verbracht haben). Dieser Verweis auf die »gute alte Zeit« ist aber recht kurz gedacht. Wenn wir schon in die Vergangenheit blicken, dann müssen wir auch jene Vorfahren erwähnen, die viel weniger arbeiteten und dabei glücklicher lebten.

In dem Vorwurf, meine Generation sei faul, schwingt immer auch der Stolz mit, alle vorherigen Generationen seien viel fleißiger gewesen.

Mitten in der Pandemie, in der vieles stillstand, nur die Zahl der Überstunden nicht, sprach ich mit dem Sozialanthropologen James Suzman. Er forscht in Cambridge zu unseren Vorfahren aus der Steinzeit und hat viel Zeit beim Stamm der Ju/'Hoansi in der südafrikanischen Kalahari-Wüste verbracht. Er fand durch seine Studien heraus, dass unsere Vorfahren, die Jäger und Sammler, nur so viel gearbeitet haben, wie sie letztendlich mussten.[55] Archäologen wie er gehen davon aus, dass sie nur zwischen 15 und 17 Stunden in der Woche unterwegs waren, um Nahrung zu finden, und den Rest der Zeit ohne Arbeit verbrachten. Denn sie lagerten keine Lebensmittel als Vorrat, sondern jagten nur so viel, bis sie alles für ihren Tag zusammenhatten. Es gab damals noch nicht mal einen Begriff für das, was wir heute Arbeit nennen.

Seitdem haben wir es von Jahrhundert zu Jahrhundert, von der landwirtschaftlichen Revolution über Kriege und den Kapitalismus vermasselt, sagt Suzman. Im Vergleich mit unseren Vorfahren scheinen wir heutzutage lächerlich viel mit Arbeit beschäftigt zu sein, selbst dann, wenn es eigentlich nichts Sinnvolles zu erledigen gibt. Und auch dann, wenn wir gar nicht mehr arbeiten müssten, um unsere Bedürfnisse zu befriedigen.

Damit meint Suzmann die tatsächlichen menschlichen Grundbedürfnisse und nicht diejenigen, die Unternehmen und die Werbeindustrie künstlich erschaffen. Stattdessen arbeiten wir heute an Produkten, die andere vermeintlich glücklich machen, um selbst genug Geld zu haben für Produkte, die uns angeblich zufriedenstellen. Doch die Freude über das neue iPhone oder den neuen Audi hält nur kurz an, wie Studien zeigen. Wir sind längst darauf gepolt, immer mehr zu arbeiten, um uns immer mehr leisten zu können, obwohl wir vieles davon eigentlich nicht brauchen. Denn was bringen die schönsten Produkte, wenn man den Audi nur nutzt, um damit zur Arbeit zu fahren oder auf dem iPhone ständig mit Anrufen der Kollegen oder E-Mails von Partnern gestört wird?

Ich möchte hier nicht falsch verstanden werden – meine Generation fordert kein Zurück in die Steinzeit. Wir wollen weder ein Leben, das früh endet, noch Menschen, die mangelernährt und Gefahren ausgesetzt sind. Wir schätzen auch ein funktionierendes Gesundheitswesen, den Sozialstaat und eine Polizei, die einen schützt. All das, was es in der Steinzeit nicht gab. Wir sind auch nicht alle konsumkritisch, im Gegenteil: Ein nicht vernachlässigbarer Teil meiner Generation folgt Influencerinnen und Influencern in sozialen Netzwerken und kauft deren mehr oder weniger sinnvolle Produkte. Und doch lässt sich aus dem Leben unserer Vorfahren in der Steinzeit etwas lernen. Aus diesem Blick zurück lässt sich eine Frage ableiten, die in meiner Generation viele Menschen beschäftigt: Arbeitest du noch, oder lebst du schon?

*

Sprechen wir mal über die Zeit, in der wir nicht arbeiten, die sogenannte Freizeit. Sie ist bei vielen Menschen kaum noch vorhanden. Wenn doch, dann besteht sie oft nicht wirklich aus freier Zeit. Viele Menschen können auch nach Feierabend oft nicht abschalten, denken während des Abendessens an das nächste Projekt. Oder arbeiten unbewusst, indem sie sich immer wieder über den Job ärgern, mit der Partnerin die Präsentation durchgehen und so ganz nebenbei, vermeintlich entspannt, die nächste Folie gedanklich bearbeiten. Selbst im Urlaub, ob in der Hotelanlage in Thailand oder beim Wandern in den Alpen, haben viele ihren Job immer dabei. Sie blicken auf ihrem Smartphone in den internen Firmenchat, beantworten am Laptop Mails, nehmen nebenbei dann doch an der besonders wichtigen Konferenz teil und sind selbstverständlich erreichbar. Es gilt heutzutage schon als progressiv und vorbildlich, wenn man »nur im Notfall« erreichbar sein möchte. Bei alldem bleibt vielen Menschen nie genügend Zeit, um wirklich Abstand zur Arbeit zu gewinnen. Und in der modernen Arbeitswelt scheint es, als ginge das auch kaum anders.

In »Severance«, einer Science-Fiction-Serie auf Apple TV, wird der Versuch gewagt, eine Welt mit echter Work-Life-Balance zu zeichnen.[56] In dieser Satire müssen alle Angestellten des Technologieunternehmens Lumon Industries sich vorab einer Operation unterziehen, bei der ein Chip ins Gehirn eingeführt wird. Ab diesem Zeitpunkt hat jeder von ihnen zwei getrennte Persönlichkeiten: eine Arbeitspersönlichkeit und ein eigentliches Ich. Sobald die Angestellten den Fahrstuhl betreten, der sie zu ihrem Büro bringt, vergessen sie, wer sie sind. Sie kennen ihren Namen, sie erkennen ihre Kolleginnen und Kollegen, sie wissen, was am Tag zuvor innerhalb des Büros und auf den Fluren passiert ist. Sie wissen jedoch nicht, ob sie eine Familie haben oder eine Freundin, was sie gefrühstückt haben, welches Buch sie gerade lesen. Treten sie um 17 Uhr wieder in den Fahrstuhl, lassen sie ihr Arbeits-Ich und die Erlebnisse des Bürotages zurück. Die Serie überzeichnet den schon fast abgenutzten Begriff Work-Life-Balance und zeigt, was sich viele junge Menschen, überspitzt gesagt, wünschen: einen echten Feierabend. Beim Schauen der Serie stellt sich mir unweigerlich die Frage: Warum braucht es eine Dystopie, um eine Selbstverständlichkeit real werden zu lassen?

Stattdessen ist die Freizeit des modernen Menschen heute häufig von einem schlechten Gewissen begleitet, weil Arbeit liegen geblieben ist. Nicht wenige quälen sich regelrecht an ihren freien Tagen, weil sie ständig an die nicht erledigten Aufgaben denken. Oder daran, dass der Montag nach dem Wochenende ja dann noch stressiger sein könnte als der letzte. Manche denken auch nachts an den Job, schlafen schlechter und sind dadurch noch gestresster. Feierabend zu machen oder im Wochenende zu sein, ohne an die To-do-Liste der nächsten Arbeitswoche zu denken, schaffen viele nicht.

Hinzu kommt, dass der Mensch am liebsten gar keine Zeit mehr verschwenden will. Das Nichtstun, der in der Literatur so oft beschriebene Müßiggang ist für viele nicht mehr erstrebenswert, sondern eine Mahnung. Wenn schon Freizeit, dann muss sie auch richtig gut ausgefüllt sein. Mit besonderen Hobbys, außergewöhnlichen Erlebnissen oder Dingen, von denen man den Kollegen am Montag wenigstens berichten kann.

Erholung sollte aber rücksichtslos dazu dienen, das zu tun, was einem wirklich beim Abschalten hilft. Die Ärztin und Autorin Saundra Dalton-Smith spricht von den sieben Arten der

Erholung.[57] In ihrem Buch schreibt sie, dass sie immer genügend Schlaf hatte, aber jeden Morgen erschöpft aufwachte. Also begann sie, die Stressfaktoren ihres Lebens zu finden und diese zu überwinden. Laut ihr gibt es die körperliche, mentale, spirituelle, emotionale, soziale, sensorische und kreative Art der Erholung. Sie berichtet von einem Flugbegleiter, der immer höflich bleiben muss, selbst wenn Passagiere unfreundlich sind – und sich im Feierabend emotional davon erholen muss. Oder von Büroarbeitern, die fast den ganzen Tag am Schreibtisch verbringen und abends Zeit brauchen, um sich im oft belächelten Yogakurs oder beim Fußballtraining körperlich zu erholen. Dasselbe gilt für den Fabrikarbeiter, der eine kreative Erholung braucht, oder den Autor, der den ganzen Tag allein am Schreibtisch sitzt und abends Freunde trifft, um sich sozial zu regenerieren. Erholung muss als ganzheitliches Konzept gedacht werden, das kein nettes Gimmick, sondern eine Bedingung für ein gesundes Leben. Und zwar für alle, Alt und Jung. Das ist für meine Generation unverhandelbar. Dalton-Smith fordert eine Kultur, in der es in Ordnung ist, Nein zu sagen. Doch davon sind wir weit entfernt.

Erholung ist kein nettes Gimmick, sondern Bedingung für ein gesundes Leben.

In der echten Welt brauchte es sogar eine Pandemie, damit viele Menschen erkennen konnten, dass Erholung guttut. Im ersten Lockdown etwa gab es eine Phase, in der Millionen Menschen in Kurzarbeit waren – also weiterbezahlt wurden, aber weniger Wochenstunden dafür arbeiten mussten. Und nach den ersten zwei Abenden vor Netflix und Amazon Prime setzte etwas Erstaunliches ein: Menschen richteten ihren Garten her, entdeckten alte Instrumente oder backten Brot. Sie taten Dinge, die sich sinnvoll anfühlten und gleichzeitig Spaß bereiteten. Dinge, für die niemand bezahlt werden musste.

Dem Müßiggang, den unsere Vorfahren lebten, zumindest für ein Bruchteil unseres Lebens, waren wir so nah wie nie zuvor. Weniger Arbeit, weniger Verpflichtungen, plötzlich war Zeit da, die sich wirklich wie Freizeit anfühlte.

Denn Freizeit, wie wir sie sonst kennen, hat wenig mit ihrem Namen zu tun. Auch im Feierabend folgt auf Arbeit meistens Arbeit: die Steuererklärung, die seit Wochen wartet, die Rechnung, die beglichen werden muss, die Großmutter, die gepflegt, die Kinder, die betreut, die Küche, die geputzt, der Keller, der entrümpelt, das Auto, das nun endlich mal zum TÜV, und, achje, Winterreifen brauche ich ja auch noch, dabei ist doch schon fast Weihnachten, ich darf gar nicht daran denken: Geschenke muss ich auch bald besorgen. Und irgendwie bezahlen. Arbeit hört nie auf. Da klingt es ja schon fast lachhaft, dass in der Allgemeinen Erklärung der Menschenrechte, weit hinten auf Seite 24, aber trotzdem nicht vergessen, steht: »Jeder Mensch hat das Recht auf Erholung und Freizeit.«[58] Die Betonung liegt auf dem »und« – denn Freizeit, wie wir sie haben, hat oft nichts mit Erholung, schon gar nichts mit den erwähnten sieben Arten davon zu tun. Und das ist vor allem etwas, das junge Menschen spüren. Sowohl diejenigen, die von einer befristeten Stelle in die nächste stolpern als auch die jungen Menschen, die zwei Nebenjobs brauchen, um sich das Studium und die hohen Mieten in Großstädten leisten zu können. Und erst recht alle, die in Jobs gelandet sind, die nur dadurch funktionieren, dass Menschen Überstunden machen und immer erreichbar sind.

Besonders wenig Freizeit und fast keine Erholung haben junge Mütter und Väter. Sie müssen weitaus mehr leisten als ihre Eltern und Großeltern, wie der Familienforscher Hans Bertram herausgefunden hat.[59] In der Nachkriegszeit arbeiteten Männer durchschnittlich 48 Stunden pro Woche – und das war damals auch die gesamte Zeit einer Familie, die in Lohnarbeit verbracht wurde. Frauen blieben meist zu Hause, kümmerten sich um die Kinder und den Haushalt. Heute teilen sich Paare Erwerbsarbeit und Erziehung glücklicherweise auf. Diese zweifelsohne große Errungenschaft bringt allerdings mit sich, dass Mütter heute im Schnitt 30 Stunden und Väter 42 Stunden in der Woche arbeiten. Gemeinsam leisten sie also 72 Arbeitsstunden pro Woche – deutlich mehr als früher. Und da sprechen wir nur von der Lohnarbeit, nicht von der ganzen anderen Arbeit, die im Leben anfällt und für die eine junge Familie aufgrund ihrer Jobs heute weniger Zeit hat als je zuvor: einkaufen, putzen, waschen, Arzttermine, Elternsprechstunden, das Fußballtraining der Tochter, es gibt einfach immer etwas zu tun. 26 Prozent der Erwachsenen unterstützen ihre Kinder fast immer bei den Hausaufgaben, weitere 39 Prozent der Befragten einer Studie tun dies immerhin regelmäßig.[60] Moderne Eltern nehmen sich mindestens eine Stunde am Tag Zeit, um den Ansprüchen der Schule (irgendwer muss Elternsprecher sein), aber auch ihren eigenen Ansprüchen (natürlich macht mein Niklas Abitur) zu genügen. All das kommt also noch zur Lohnarbeit hinzu.[61]

Besonders wenig Freizeit und fast keine Erholung haben junge Eltern.

Die Autorin Teresa Bücker nennt diese Entwicklung Zeitarmut, die unsere Gesellschaft durchzieht.[62] Denn Arbeit ist längst nicht nur das, was dem Menschen bezahlt wird. Bücker definiert Arbeit als alles, was unverzichtbar ist, um eine Gesellschaft, wie wir sie uns wünschen, am Laufen zu halten. Das umfasst Ehrenämter, von der Tafel über den Fußballverein bis hin zur Obdachlosenhilfe, genauso wie die unbezahlte Sorgearbeit zu Hause, die man für andere übernimmt. Oder besser gesagt: die noch immer Frauen zum Großteil übernehmen. Und das gilt auch für meine Generation. Denn auch wenn der moderne Vater sich ambitioniert zeigt und vorgibt, die Erziehung der Kinder und die Hausarbeit paritätisch aufteilen zu wollen: Zu wenige setzen das letztendlich in ihrem Familienalltag um.

Studien zeigen, dass sich Männer selbst überschätzen und glauben, mehr im Haushalt zu tun, als das tatsächlich der Fall ist. Das Deutsche Institut für Wirtschaftsforschung ermittelt dazu regelmäßig den sogenannten Gender-Care-Gap, der besonders im mittleren Alter der Menschen groß ist. Nämlich dann, wenn Paare Kinder bekommen. In dieser Zeit leisten Frauen bis zu neun Stunden unbezahlte Sorgearbeit am Tag, Männer etwa drei.[63] Jedes Jahr am 1. März, am sogenannten Equal Care Day, versuchen Frauen, darauf aufmerksam zu machen. Doch viel geändert hat sich bisher nicht. Auch wenn Männer heute in Elternzeit gehen und es in bestimmten Milieus gern gesehen ist, wenn sie sich die Care-Arbeit zur Hälfte teilen. Und ja, 43 Prozent der Väter gehen inzwischen nach der Geburt ihres Kindes in Elternzeit, die allermeisten aber nur für zwei Monate.[64] Das ist natürlich lächerlich wenig und besteht bei vielen Männern dann daraus, dass sie mit ihrem Kleinsten verreisen oder die Zeit nutzen, um endlich eines der anderen Projekte, das liegen geblieben ist, anzuschieben. Gleichzeitig beanspruchen fast alle Frauen zehn Monate oder länger Elterngeld.[65] Ab diesem Moment beginnt die Ungleichheit.

Bis zur Geburt eines Kindes ist der Gender-Pay-Gap, also die ungleiche Bezahlung von Männern und Frauen, recht gering. Frauen sind zu diesem Zeitpunkt sogar besser ausgebildet und qualifiziert als Männer und schließen ihr Studium oder eine Ausbildung schneller und erfolgreicher ab. Doch einige Jahre später liegt die Lohnlücke zwischen Mann und Frau bei 18 Prozent.[66] Und das vor allem, weil die ganze unsichtbare Arbeit von Müttern gemacht wird – und diese dadurch weniger bezahlt arbeiten. Der Anteil der in Teilzeit arbeitenden Frauen ist in Deutschland mit knapp 50 Prozent einer der höchsten in Europa.[67] Und das gilt nicht nur zeitlich begrenzt für die ersten

Erziehungsjahre, sondern langfristig – auch dann, wenn die Kinder in den Kindergarten und die Schule gehen.

In der Folge werden Frauen abhängig vom Gehalt ihrer Männer, was in vielerlei Hinsicht problematisch ist. Erstens, weil sie so leicht finanzieller Gewalt ausgesetzt sind. So nennt es die Rechtsanwältin Christiane Warnke, wenn Männer den Umstand ausnutzen, dass ihre Frauen ohne deren Gehalt nicht wirklich leben können.[68] Zweitens landen Frauen häufig nach Trennungen in Altersarmut und sind trotzdem überarbeitet, weil sie all die Jahrzehnte die Kinder betreut und den Haushalt versorgt haben.

Und neben all der Erwerbs- und Care-Arbeit sollen sie noch gut aussehen, bestenfalls heiraten, möglichst in eine größere Wohnung ziehen, Geld sparen, Steuern zahlen, aber auch zum Yoga oder Bouldern gehen, die neuesten Ausstellungen kennen und nicht übersehen, was der Trend auf TikTok ist. Das sind nur einige der vielen Pflichten, die in der Freizeit erfüllt werden müssen. Die gesellschaftlichen Erwartungen sind so hoch, dass ein immer größerer Teil unserer Freizeit ohne echte Erholung auskommen muss. Vom bereits beschriebenen früheren Ideal, acht Stunden am Tag zu arbeiten, acht Stunden zu schlafen und sich acht Stunden zu erholen, sind wir weit entfernt. Viele Menschen schlafen weniger, arbeiten mehr und erholen sich nicht. 77 Prozent der Mütter und 61 Prozent der Väter von minderjährigen Kindern können sich nicht ausreichend oder gar nicht vom Stress durch Job und Alltag erholen.[69] Im Schnitt leisten sie in der Woche mehr als 60 Stunden bezahlter und unbezahlter Arbeit. Es reicht ein Gang in eine gut sortierte Buchhandlung, um zu sehen, wie groß das Phänomen ist. Multitasking, Mental Load, Mindset: Die Liste der Ratgeber, die Checklisten-Eltern Achtsamkeitsübungen und den Hyggealltag empfehlen, ist lang.

Familienforscher Bertram spricht von der überforderten Generation – und hat damit völlig recht. Was jungen Paaren –

und noch mehr den Alleinerziehenden – fehlt, ist echte Freizeit. Was wiederum dazu führt, dass sie sich möglichst viel Zeit zurückerobern – oder besser gesagt: zurückkaufen – müssen. Sie nutzen Lieferdienste, die den Wocheneinkauf bringen, Nachhilfelehrerinnen, die bei den Hausaufgaben der Kinder unterstützen, und je nach Geldbeutel Putzkräfte oder Handwerker, selbst für kleinste Tätigkeiten. Manche beauftragen Headhunter, die ihnen eine Wohnung, den Kita- oder Schulplatz suchen, weil sie selbst nicht dazu kommen. Ganz abgesehen von Kitas, Tagesmüttern, Ganztagsschulen oder Babysittern. Viele Eltern arbeiten nur so viel, um es sich leisten zu können, dass andere für sie arbeiten und ihnen die Aufgaben des Alltags abnehmen, die sie selbst nicht schaffen. Ein verrückter Kreislauf, der auf viele junge Menschen abschreckend wirkt. Sie wollen sich ihre Freizeit nicht erkaufen müssen, sondern lieber mehr freie Zeit haben.

Wir wollen uns unsere Freizeit nicht erkaufen müssen, sondern lieber mehr freie Zeit haben.

*

Immer mehr junge Menschen wollen echte Freizeit und lehnen sich gegen Überstunden auf. Einige fangen bei sich selbst an, denn häufig sind Überstunden nicht nur deshalb problematisch, weil ein Unternehmen sie indirekt einfordert. Häufig sind es die Beschäftigten selbst, die nicht früher gehen, obwohl sie es könnten. Zu oft glauben sie, unersetzlich zu sein – und machen sich etwas vor. Entweder, wenn sie stolz mit ihrer Mehrarbeit prahlen und sich mit den Kolleginnen und Kollegen einen regelrechten Wettstreit um die größte Zahl liefern. Oder, weil sie selbst zu perfektionistisch sind und Aufgaben immer möglichst akkurat und richtig erledigen wollen. In Seminaren oder Coachings müssen sie dann lernen, Nein zu sagen. Lernen zu verstehen, dass einem nicht der Ehrgeiz fehlt, wenn man keine Überstunden macht. Und dass es durchaus möglich ist, Prioritäten zu setzen und nicht jede einzelne Aufgabe zu durchdenken, bis sie vermeintlich perfekt erledigt ist. Sondern dass man sich besser organisieren muss, um keine Überstunden machen zu müssen, und letztendlich stolz sein kann, wenn man seine Arbeit in der Arbeitszeit erledigt und nicht danach.

In meiner Generation hat sich dieser Gedanke verändert: Überstunden sind kein Ausdruck von Leistung mehr und erst recht nicht erstrebenswert. Unternehmer wie Elon Musk, die sich damit rühmen, in der Woche 80 bis 100 Stunden zu arbeiten, werden dafür nicht mehr verehrt – zumindest nicht von einem Großteil der Jungen.[70] Das musste auch Glen Schofield, CEO eines Gaming-Unternehmens, erfahren. In einem Tweet verkündete er stolz, dass er und sein Team 12 bis 15 Stunden am Tag arbeiten, und ergänzte: »Das ist Gaming. Harte Arbeit. Lunch, Dinner, arbeitend. Du tust es, weil du es liebst.«[71] Es folgte ein Shitstorm, er löschte den Tweet und entschuldigte sich. Wer heute noch mit Überstunden prahlt, wird ignoriert, mitleidig belächelt oder belehrt, dass Arbeit nicht alles ist.

Wer heute noch mit Überstunden prahlt, wird ignoriert oder mitleidig belächelt.

Erst wer das begreift – und das am besten, schon bevor es zu spät ist und man am Leben vorbeigearbeitet hat –, ändert etwas. Entweder an sich selbst oder an seiner Arbeit. Die Organisationsforschung kennt für Letzteres sogar einen Begriff: Job Crafting, also sich die Arbeit zurechtschnitzen.[72] Es geht darum, mit dem Vorgesetzten oder der Chefin zu sprechen, um den eigenen Job zu verändern. Darum, Aufgaben abzugeben und vielleicht Projekte zu übernehmen, die weniger Stress oder mehr Erfüllung bedeuten. Oder die Arbeitszeit zu reduzieren, das Team zu wechseln, andere Aufgaben zu übernehmen, die gerade besser zum eigenen Leben passen. Und das muss nicht mit dem sogenannten Downshifting einhergehen, also dem bewussten Schritt zurück.[73] Ja, es gibt diejenigen, die bewusst auf die nächste Hierarchiestufe verzichten und sich für den (vorübergehenden) Abstand vom (vermeintlichen) Aufstieg entscheiden. Es gibt auch diejenigen, die ihre Führungsposition aufgeben, ob kurzfristig oder für immer, um etwas ganz anderes machen zu können. Sie verlassen bewusst das ständige »höher, schneller, weiter«, um sich und ihre Gesundheit zu schützen. Doch es gibt auch vermehrt diejenigen jungen Menschen, die Karriere machen wollen – aber eben anders. Die ihren Job nicht downshiften, sondern craften, also in Mitarbeitergesprächen anpassen. Moderne Unternehmen machen genau das möglich.

Und dass junge Menschen heute – auch durch den Fachkräftemangel im Rücken – mehr und mehr in der Lage sind, Probleme im Job offen anzusprechen und daran etwas zu ändern, ist nicht vermessen, sondern ein gesellschaftlicher Fortschritt. Genauso wie es eine positive Entwicklung ist, wenn Unternehmen das erkennen und regelmäßige Entwicklungsgespräche oder Fortbildungen anbieten. Einige stellen sogar vermehrt Feel-Good-Manager ein, die sich nur darum kümmern, dass Angestellte sich verändern und zufriedener im Job werden können. Andere Unternehmen richten immerhin anonyme Beschwerdestellen ein oder ermöglichen es ihren Angestellten, sich an Psychologinnen und Berater zu wenden, wenn der eigene Job einen überfordert.

All das sind keine skurrilen Angebote für verwöhnte Millennials, sondern etwas, das junge Menschen heute erwarten, weil man durchaus den Anspruch stellen darf, dass sich Arbeit verändert. Und vor allem: dass sich Arbeitszeiten wieder dem Leben anpassen. Anstatt Überstunden anzuhäufen oder Wochenenddienste zu sammeln, sollte der Job echte Freizeit ermöglichen. Die einen wollen wieder vermehrt den klassischen Nine-to-five-Job mit einem richtigen Feierabend und keiner Arbeit am Wochenende. Andere erwarten neue Arbeitsmodelle, die zum 21. Jahrhundert passen. Sie fordern flexible Arbeitszeiten, sodass Angestellte in Teilzeit entscheiden können, an welchen Tagen sie arbeiten, oder in Vollzeit bestimmen können, wann sie morgens anfangen, Pause machen und abends aufhören. Solange der Job es zulässt, sollte das selbstverständlich sein. Für junge Eltern, die ihre Kinder morgens in die Kita bringen und nachmittags abholen müssen, genauso wie für Kinderlose, die mal morgens einen Behördentermin oder dienstags nach der Pause zum Physiotherapeuten gehen. Und ja, auch ein Yogakurs um 16 Uhr kann dazugehören.

Eine 29-jährige Start-up-Gründerin setzt das besonders strikt um. Die US-Amerikanerin Marisa Jo Mayes liebt den Montag – weil sie diesen nutzt, um locker in die Woche zu starten und nur so viel zu tun, wie es unbedingt sein muss.[74] Sie arbeitet maximal zwei Stunden, vermeidet Meetings, liest keine E-Mails und widmet die ersten Stunden des Tages dem Lesen und Tagebuchschreiben. Sie geht zum Sport, kocht sich mittags etwas Besonderes und bildet sich fort. Damit habe sie ihre Angst vor dem vollen Arbeitsberg am Montag bekämpft, erzählte sie auf Tik Tok – und traf einen Nerv. Ein Unternehmen aus Australien hat das Modell bereits umgesetzt und lässt zu, dass Angestellte montags nur so viel arbeiten, wie sie wollen. Die Vorgesetzte erlaubt es ihrem Team ausdrücklich, während der Arbeitszeit andere Dinge zu erledigen und sich um sich selbst zu sorgen, statt sich mit zu vielen Aufgaben zu stressen.[75] Man kann darüber streiten, ob es solche Maßnahmen wirklich braucht oder das Problem nicht eigentlich woanders liegt.

Ich halte das eher für einen PR-Gag und kein wirklich ernst zu nehmendes Angebot. Ich teile auch nicht die Arbeitseinstellung der erwähnten Amerikanerin. Und doch zeigt auch dieser Fall, dass eines am Arbeitsplatz immer wichtiger wird: Flexibilität. Durch die Pandemie und die Arbeit im Homeoffice haben viele Menschen genau das schätzen gelernt – und sind nicht mehr bereit, dauerhaft darauf zu verzichten. Ohne Arbeitsmodelle, die den Angestellten die Freiheit geben, sich Aufgaben freier einzuteilen, werden Unternehmen in Zukunft Probleme bekommen, Fachkräfte zu gewinnen. Und auch wenn das alteingesessene Vorgesetzte erschrecken mag oder sie diese Bedürfnisse nicht verstehen: Es ist auch für die Unternehmen überlebenswichtig, Arbeitszeiten zu schaffen, die ein Leben neben dem Job ermöglichen.

*

Genauso gehört zum modernen Arbeiten die Ermöglichung von Homeoffice. Das Büro hat als alleiniger Arbeitsort ausgedient. Von der Steuerberaterin über den Sekretär bis hin zur Sachbearbeiterin können inzwischen sehr viele Jobs von zu Hause aus erledigt werden. Laut einer Umfrage des Meinungsforschungsinstituts Civey wollen 76 Prozent aller Angestellten auch in Zukunft zumindest teilweise von unterwegs oder im Homeoffice arbeiten, und jeder sechste Beschäftigte würde kündigen, wenn das nicht ginge.[76] Chefs von gestern wie beispielsweise Elon Musk, der kurz nach der Übernahme von Twitter alle Angestellten in Vollzeit zurück ins Büro orderte, werden das auch noch begreifen.[77] Spätestens dann, wenn sie in einigen Jahren keine Angestellten mehr finden. Das gilt auch für diejenigen Jobs, in denen man nur teilweise mobil arbeiten kann, weil die Arbeitenden Kundentermine haben, Menschen pflegen oder Produkte verkaufen. Auch ihnen sollte man ermöglichen, Arbeiten wie Dokumen-

Das Büro hat als alleiniger Arbeitsort ausgedient.

tationen, Nachbereitungen oder E-Mails und Telefonate von zu Hause aus zu erledigen.

Das liegt übrigens auch im eigenen Interesse der Firma, denn Studien haben längst bewiesen, dass man im Homeoffice konzentrierter arbeiten kann als etwa im Großraumbüro. In einer Analyse der Krankenkasse DAK geben zwei Drittel der Befragten an, sie seien zu Hause produktiver als im Büro.[78] Gleichzeitig seien sie weniger gestresst und glücklicher, da sie nun mehr Zeit mit der Familie verbringen könnten. Anstatt also auf unflexible Arbeitszeiten und dauerhafte Präsenz zu pochen, sollten sich Unternehmen und Vorgesetzte auf ein Zeitalter des Vertrauens zwischen Arbeitgeber und Angestellten einstellen. Und nebenbei das Büro der Zukunft schaffen – einen Ort, der Begegnungen, produktive Konferenzen und ein gemeinsames Arbeiten ermöglicht. Denn auch wenn das Homeoffice beliebt geworden ist: Das Büro wird immer ein Ort bleiben, der Angestellte zusammenbringt und Neues entstehen lässt.

Immer mehr Unternehmen begreifen, dass der Obstteller in der Büroküche nicht ausreicht, um Angestellte anzulocken und für neue Fachkräfte interessant zu sein. Unternehmen, die das nicht verstehen, werden den Wettbewerb um Arbeitskräfte verlieren. In den USA konnte man das in den vergangenen Jahren bereits beobachten. Expertinnen und Experten sprachen schon von der Great Resignation, also einer großen Kündigungswelle. Allein im Jahr 2021 kündigten 40 Millionen US-Amerikanerinnen und US-Amerikaner ihren Job.[79] Der Organisationspsychologe Antony Klotz, der den Begriff der Great Resignation prägte, bezeichnete das als »großes Erwachen« und erklärte die Entwicklung damit, dass immer mehr Menschen darüber nachdenken, welchen Stellenwert ihr Beruf haben sollte und wie sie arbeiten wollen.[80] Die Sängerin Beyoncé widmete diesem Trend sogar einen eigenen Song: In »Break My Soul« singt sie davon, dass die »neue Erlösung« darin bestehe, seinen Job hinzuwerfen.[81] Praktisch parallel berichteten Tausende Menschen auf TikTok unter dem Hashtag #iquit von ihrer Kündigung – und sprachen erstmals darüber, wie ein neuer Job für sie auszusehen habe.

Auch in Deutschland sind zunehmend mehr Menschen dazu bereit, ihren Job zu kündigen, wenn er das Leben dominiert. Jeder Dritte kann sich laut einer Forsa-Studie von 2023 vorstellen, sich eine neue Stelle zu suchen. Bei den unter 30-Jährigen ist sogar jeder Zweite dazu bereit, wie die repräsentative Umfrage zeigt.[82] Als Hauptgrund nennen die Befragten ihr Gehalt, darauf folgen zu viel Stress, Überlastung und zu wenig Homeoffice. Während in der Pandemie und Wirtschaftskrise viele Menschen glücklich waren, ihren Job nicht verloren zu haben, sind sie jetzt dazu bereit, ihn aufzugeben, wenn ein anderer sie zufriedener machen könnte.

Kapitel 3

Niemand sollte sich kaputtarbeiten

Als ich im Sommer 2022 in einem Kloster in Bayern einer Lehrerin begegnete, begriff ich erstmals so richtig, wie krank Arbeit einen Menschen machen kann.[83] Sie war blass, hatte tiefe Augenringe, atmete schwer. Ich saß einer Frau gegenüber, die keine Lust mehr am Leben hatte und so erschöpft wirkte, dass man sich Sorgen machen musste. Sie arbeitete an einer Grundschule im Süden Deutschlands und hatte über Jahre hinweg viele Warnungen ignoriert: von Kolleginnen und Kollegen, die ihr ansahen, dass sie nur noch müde und ausgelaugt war, von Freundinnen und Verwandte, die ihr eine Auszeit empfahlen oder sie aufforderten, in Teilzeit zu gehen. Oder auch ihres eigenen Körpers, der ihr immer wieder zeigte, dass sie am Limit und darüber hinaus arbeitete. Doch die Lehrerin verdrängte das alles, übernahm sogar noch mehr Verantwortung und ließ sich zur stellvertretenden Schulleitung befördern. Für sie war es völlig normal, den Unterricht abends und am Wochenende vorzubereiten, den Dienstplan morgens um fünf Uhr zu schreiben, ständig für erkrankte Kolleginnen und Kollegen einzuspringen und nicht nur Überstunden zu machen, sondern diese gar nicht mehr zu zählen geschweige denn auszugleichen.

Selbst als es ihr richtig schlecht ging, meldete sie sich kaum krank, ging auch mit Fieber und Migräne in die Schule. Sie habe sich für unersetzbar gehalten, sagte mir die Lehrerin. Als ginge ohne sie gar nichts, als würde sie nicht nur ihre Kolleginnen und Kollegen, sondern auch ihre Schülerinnen und Schüler im Stich lassen, wenn sie ausfiel oder weniger arbeitete. Also warf sie sich selbst nach einem Bandscheibenvorfall Schmerztabletten ein und erschien zum Dienst. Sie tat auch alles dafür, sich nichts davon anmerken zu lassen, keinem zu zeigen, wie geschwächt sie eigentlich war, damit niemand auf die Idee kommen könnte, ihre Arbeit infrage zu stellen. Als dann die Pandemie ausbrach und sie in ihrem Job noch mehr Aufgaben als sonst übernehmen musste, brach sie endgültig zusammen. Wechselunterricht, Masken, Testungen jeden Morgen, ständig ein neuer Coronafall in einer Klasse: Sie konnte nicht mehr und war psychisch am Ende. Da hatte sich etwas aufgestaut, was sich in dieser Krise entladen musste. Lange leugnete die Lehrerin, dass es der Beruf war, der sie krank machte.

Doch nach mehreren vergeblichen Anläufen erkannte sie das Problem und suchte sich Hilfe im Internet. Zufällig stieß sie dabei auf eine besondere psychosomatische Klinik in Bayern. Ein ehemaliges Kloster in München, das sich darauf spezialisiert hat, Angestellte wie sie zu behandeln. Menschen, für die es lange keinen eigenen Begriff gab. In der Klinik in Dießen am Ammersee nennen sie das, was die Lehrerin empfand, Burn-on. Damit meinen die behandelnden Ärztinnen und Ärzte Menschen, die im Job erkranken, ohne es zu bemerken. Oder zumindest jene, die es verdrängen oder leugnen und nicht einsehen wollen, dass die Arbeit ihnen mehr schadet als nützt. Und die genau deshalb auch, entgegen allen Warnungen, lange nichts unternehmen und versuchen, trotz der Belastung einfach weiterzumachen. Angestellte, die nicht ausbrennen, sondern langsam verglühen. Managerinnen und Manager, die arbeitssüchtig sind und nicht abschalten wollen. Oder Ärztinnen und Ärzte, die ihren Job lieben und nicht damit aufhören, obwohl sie nicht mehr können. Und Eltern, die den Kindern zuliebe funktionieren, auch wenn sie schon seit Jahren völlig erschöpft sind.

Besonders häufig trifft dieses Ausglühen diejenigen, die in sozialen Berufen arbeiten und sich im Job für andere verantwortlich fühlen, entweder für ihre Kolleginnen und Kollegen oder die Hilfsbedürftigen, die sie betreuen. Menschen, die anderen gerne helfen, würden besonders oft weiterarbeiten, obwohl sie ausgelaugt sind – und das dann kaum bemerken, erklärte mir der leitende Chefarzt Bert te Wildt. In seinem Job als Leiter der Klinik am Ammersee ist er schon auf unzählige Menschen getroffen, denen es so erging wie der Lehrerin, mit der ich sprach. Ihre Geschichte ist nur eine von vielen, die man an dieser Stelle erzählen könnte. Auch ich bin in meinem Job als Journalist vielen Menschen begegnet, die durch Arbeit krank wurden – Polizisten, die Schießpulver eingeatmet hatten und davon Krebs bekamen, Dachdecker, die von Gerüsten gefallen waren, oder Pflegekräfte, die sich in der Nachtschicht verletzt hatten. Unfälle lassen sich manchmal nicht vermeiden, Überlastungen schon. Doch genau diese führen dazu, dass man von innen heraus erkrankt, oft unsichtbar, meistens folgenschwer.

Burn-on trifft vor allem Menschen in sozialen Berufen.

In Deutschland haben etwa 18 Millionen Menschen psychische Probleme.[84] Viele davon erkranken in ihrem Job, leiden an einem Burn-on, Burn-out oder dem permanenten Stress an ihrem Arbeitsplatz. Rund die Hälfte der Menschen in Deutschland fühlt sich laut einer repräsentativen Befragung des Meinungsforschungsunternehmens civey erschöpft.[85] Eine Umfrage der Betriebskrankenkasse pronova BKK geht sogar davon aus, dass neun von zehn Angestellten im Job regelmäßig gestresst sind und sich jeder Zweite vor einem Burn-out fürchtet.[86] Die Stressstudie der Techniker Krankenkasse zeigt, dass sich dieser Druck durch die Coronapandemie bei vielen Menschen, Eltern wie Angestellten, verstärkt hat.[87] Und das ist besonders gefährlich, weil Stress krank machen kann.

Wie das genau funktioniert, hat mir der Facharzt und Psychiater Andreas Hagemann erklärt. Er ist seit dem Jahr 2018 Ärztlicher Direktor einer Privatklinik in Eschweiler bei Aachen und hilft Menschen dabei, mit Stress umzugehen.[88] Sobald man das Gefühl habe, eine Situation nicht mehr kontrollieren zu können, werte der Körper das als Stress, als Bedrohung, sagt Hagemann. Der Organismus bereite sich dann auf eine Flucht oder einen Angriff vor. Er versorge uns mit Energie, damit wir weglaufen oder uns wehren können. So konnten unsere Vorfahren mit wilden Tieren und anderen Gefahren umgehen. Ist ein Mensch gestresst, sorge die Amygdala, ein mandelförmiger Komplex von Nervenzellen im unteren Bereich unseres Gehirns, dafür, dass die Nebenniere aktiviert wird. Dort würden die beiden Stresshormone Adrenalin und Kortisol ausgeschüttet. Und diese Hormone erhöhen wiederum den Herzschlag, den Blutdruck und die Atemfrequenz des gestressten Menschen. In der Folge spannen sich die Muskeln an, und der Blutzuckerspiegel steigt, damit die Zellen besser versorgt werden. Kortisol sorgt mittelfristig dafür, dass beispielsweise die Milz mehr rote Blutkörperchen aussondert, das Blut schneller gerinnt und die Zellen Botenstoffe produzieren. »Das ist ziemlich anstrengend für den Körper und führt dazu, dass sich gestresste Menschen innerlich unruhig fühlen«, sagt Hagemann. Manche schwitzen vermehrt, andere haben Kopfschmerzen oder Magenbeschwerden.

Wahrscheinlich kennen die meisten Menschen das. Hagemann sagte mir, dass er meistens Sodbrennen bekomme, wenn er gestresst sei. Ich reagiere eher mit Kopfschmerzen und werde unruhig, wie sicherlich viele andere Menschen. Das sei auch kein Problem, wenn es selten dazu komme, versicherte mir der

Arzt. »Die Wirkung von Adrenalin ist bereits nach wenigen Minuten vorbei«, sagt Hagemann. Das liege daran, dass der Körper sozusagen eine innere Stressbremse hat. Damit meint Hagemann fein abgestimmte Regelkreisläufe, die die Ausschüttung der besagten Hormone schrittweise verlangsamen.

»Wenn ein Mensch dauerhaft gestresst ist, kommt es auch öfter zu innerer Unruhe, Anspannung und Schlafstörungen«, sagt er. Langfristig könne diese Belastung dazu führen, dass der betroffene Mensch einen Burn-out entwickelt, also ausgebrannt ist und körperlich darunter leidet. Nämlich dann, wenn sich dieser Prozess im Körper zu oft wiederholt, »sobald man dauerhaft gestresst ist, nicht nur bei einer einzelnen Aufgabe, sondern bei vielen«. Dann schlafe man schlecht, fürchte sich vor der Arbeit und sei überfordert. Stress, der lange anhält, macht den Menschen also krank. In so einem Fall wirkt Kortisol nicht nur kurz, sondern immer wieder – und das hat Nebenwirkungen. Durch die vielen parallelen Reaktionen im Körper werde das Immunsystem geschwächt. »Auch die Libido kann reduziert werden, manche Menschen leiden unter Durchfall oder Diabetes«, sagt Hagemann. Andere bekämen Herz-Kreislauf-Erkrankungen, weil der Blutzucker und der Blutdruck oft stark steigen, wenn man gestresst ist.

Fragt man wiederum die Menschen in Deutschland, was sie stresst, verweisen viele auf ihren Beruf. 32 Prozent antworteten in der Stressstudie der Techniker Krankenkasse mit »zu viel Arbeit«.[89] Genauso viele machen die hohen Ansprüche an sich selbst für den Stress verantwortlich, was wiederum oft mit dem Beruf oder der Care-Arbeit zu Hause zusammenhängt. Hagemann spricht davon, dass Menschen besonders anfällig für Stress sind, wenn sie perfektionistisch sind. Wenn sie es im Job oder im Haushalt und bei der Erziehung ihrer Kinder immer allen recht machen und bestenfalls keine Fehler begehen wollen.

Diese Menschen stressen dann übrigens nicht nur sich selbst, sondern auch ihre Kolleginnen und Kollegen oder Angehörigen, erklärte mir Hagemann. Denn: Stress kann ansteckend sein. Genauso wie man sich mit anderen mitfreuen oder mit ihnen trauern kann, wenn diese etwas Emotionales erlebt haben, spüre man auch deren Stress. Und das könne sich wie in einer Massenpanik übertragen, selbst wenn es keinen nachvollziehbaren Grund dafür gebe. »Der Mensch reagiert bereits, bevor es gefährlich wird«, sagt Hagemann. Wenn also ein Kollege im Büro oder die Partnerin zu Hause hektisch sei, suchten alle anderen – bewusst oder unbewusst – mit nach der Ursache. Und das könne Stress erzeugen. Dabei sei es egal, ob der Kollege oder die Kollegin dem eigenen Team angehört. Je näher die Person einem steht, desto einfacher sei es zwar, sich anzustecken, aber das Prinzip funktioniere sogar bei völlig Fremden. Eine Studie habe gezeigt, dass man schon gestresst sei, wenn man jemanden, den man nicht kennt, auf der Straße beobachtet, wie er panisch umherläuft. Oder wenn man in einer Fernsehserie einer gestressten Figur zuschaut. »Wir deuten dann die Körpersignale des anderen und fühlen uns oft genauso«, sagt Hagemann.

Stress kann ansteckend sein.

*

Zahlen zeigen, dass Menschen, die viel arbeiten, besonders häufig gestresst sind. Davon sind auch junge Menschen betroffen – entgegen der landläufigen Meinung, als junger Mensch könne man ja eh alles viel besser »wegstecken«. Laut der repräsentativen Studie »Jugend in Deutschland« sind vier von zehn Menschen zwischen 14 und 29 Jahren gestresst, drei von zehn fühlen sich antriebslos, fast ebenso viele erschöpft.[90] Das liegt laut der Studie an den vielen Krisen, die junge Menschen gerade erleben. 63 Prozent von ihnen sind besorgt wegen der hohen Inflation, 59 Prozent beschäftigt der Krieg in Europa, jeder Zweite hat Angst vor dem Klimawandel und der Wirtschaftskrise.[91]

Die Befragungen zeigen auch, dass sich junge Menschen bereits Sorgen um die Rente machen und sich überarbeitet fühlen. Die kollektive Angst vor dem Burn-out beschäftigt viele und ist längst nicht mehr etwas, das man für sich behält und beschämt verschweigt. Glücklicherweise wird darüber in den vergangenen Jahren häufiger offen gesprochen. Dass die Zahl der Burn-out-Erkrankten stetig zunimmt, liegt auch daran, dass es kein Tabu mehr ist, ausgebrannt zu sein – zumindest in der jüngeren Generation. Immer mehr Menschen sprechen über ihre psychische Überlastung, verdrängen sie nicht mehr, sondern unternehmen aktiv etwas dagegen und informieren sich über Mental Health. Betroffene sprechen auf Instagram und TikTok über ihre Erkrankung, Therapeutinnen klären in Youtube-Videos oder Reels auf, Influencer empfehlen Achtsamkeitsübungen oder erzählen von ihrem Aufenthalt in einer Klinik. Die Themen Burn-out, Überlastung und Erschöpfung beschäftigen meine Generation, und wir schrecken nicht davor zurück, uns davor zu schützen.

Dieses Tabu ist nicht nur gefallen, weil es Menschen gibt, die online von psychischer Überlastung berichten, sondern auch, weil seit einigen Jahren immer mehr Prominente offen darüber sprechen: der Skispringer Sven Hannawald, der seine Karriere beendete, der US-Rapper Eminem, der eine Tournee abbrach, weil er erschöpft war, oder der Fernsehkoch Tim Mälzer, der wegen Überlastung und Alkoholproblemen in eine Klinik ging.[92] Und weil es Vorbilder gibt, die sogar präventiv handeln. So wie Jacinda Ardern, die Anfang 2023 als neuseeländische Regierungschefin zurücktrat, weil sie keine Energie mehr verspüre.[93] »Ich bin ein Mensch«, sagte Ardern bei ihrem

Rücktritt. Im Jahr 2017 war sie zur jüngsten Ministerpräsidentin der Welt gewählt und wenige Jahre später mit absoluter Mehrheit im Amt bestätigt worden. Als Ministerpräsidentin musste sie mit einem rechtsextremen Terroranschlag auf zwei Moscheen in Christchurch umgehen, dann kam es zu einem verheerenden Vulkanausbruch mit 22 Toten. Und dann die Pandemie. 2018, noch nicht lange im Amt, wurde Ardern zudem Mutter. Als sie im Januar des Jahres 2023 vor die Presse trat, sprach sie davon, »keinen vollen Tank« mehr zu haben und dass man diesen Job nur machen könne, wenn man ausreichend Energie habe »plus ein bisschen Reserve für die ungeplanten Herausforderungen, die unweigerlich kommen«. Weil ihr diese Reserve nun fehle, könne sie ihrer Aufgabe nicht mehr gerecht werden. Als Ardern ihre Entscheidung verkündete, erreichte sie aus allen Ländern der Welt eine im Internet selten gewordene Welle an Sympathie und Respekt. Menschen dankten ihr auf Twitter, feierten ihren Mut in Instagram-Storys und machten Sie auf TikTok zum Trend. Zumindest kurzzeitig wurde Ardern damit zu einem Vorbild meiner Generation, für die es beinahe normal geworden ist, offen über einen Burn-out, Burn-on oder andere psychische Probleme zu sprechen. Diejenigen, die ihre Überlastung thematisieren und präventiv handeln, tragen ihren Teil dazu bei, dass das auch so bleibt.

Ganz anders war das in der Generation meiner Mutter. Auch sie erlebte einen Burn-out, sprach aber nicht darüber, versteckte es sogar vor ihren Kolleginnen und Kollegen, manchen Freundinnen und Freunden und zeitweise sogar vor mir. Dass meine Mutter in den vielen Jahren im Schichtdienst in der Pflege Schlafprobleme hatte, war mir schon als Kind bewusst. Aber dass sie häufig Schmerztabletten nahm, um überhaupt zur Arbeit gehen zu können, erzählte sie mir erst Jahre später. Und auch von einer Zeit, in der sie völlig erschöpft war und sich vor mir nichts anmerken lassen wollte. In meiner Wahrnehmung war sie damals lange erkältet, hatte dann Urlaub, und ich verbrachte in den Sommerferien einige Wochen bei Verwandten. Mittlerweile weiß ich: Meine Mutter war damals in Therapie, bekam Antidepressiva und eine Kur verschrieben und konnte sich danach so lange ausruhen, bis sie sich wieder gesund genug fühlte, um arbeiten zu gehen. Das dauerte insgesamt drei Monate, nur erzählte sie kaum jemandem davon. Ich war zu jung und die Gesellschaft nicht weit genug.

Heute ist sie das – und nur deshalb ist die Generation Anspruch sich des Problems bewusst. Weil in den sozialen Netzwerken und Medien darüber gesprochen wird und praktisch jeder jemanden kennt, dem es selbst mal so erging, hat sich etwas geändert. Auch dadurch, dass junge Menschen die Überlastung und das Schweigen dazu bei ihren Eltern beobachten konnten und für sich daraus Schlüsse gezogen haben. Und weil vielen jungen Menschen bewusst ist, dass die Lohn- oder Care-Arbeit oft der Auslöser für den Stress ist oder diesen zumindest verstärkt, denkt sie heute anders über ihre Jobs nach – und hat neue Ansprüche an die Arbeit. Der Jugendforscher Klaus Hurrelmann spricht sogar davon, dass junge Menschen eine »eingebaute Burn-out-Sperre« besitzen, sich also selbst aktiv darum kümmern, nicht durch ihre Arbeit krank zu werden.[94]

Arbeiten bis zum Umfallen? Nein danke!

Psychische Überlastung verhindern zu wollen ist nun wirklich kein Luxusanspruch. Denn sie kann sogar tödlich enden. Im Japanischen gibt es ein Wort dafür: Karoshi – der Tod durch Überarbeitung. Weltweit bekannt wurde dieser Begriff im Jahr 2013, als eine japanische Politikreporterin eines Fernsehsenders 159 Überstunden innerhalb eines Monats machte und nur zwei freie Tage im ganzen Monat hatte.[95] Sie arbeitete bis zur Erschöpfung und darüber hinaus und wurde kurz darauf leblos in ihrem Hotelzimmer aufgefunden. Ein Jahr später teilten die örtlichen Behörden mit, dass ihr Tod auf Karoshi zurückzuführen sei und sie wahrscheinlich noch leben würde, hätte sie sich nicht überarbeitet. In den Augen meiner Generation klingt Karoshi nicht wie ein kurioses Konzept aus Japan, dem Land der Fleißigen, sondern wie eine Warnung für das eigene Leben. Wie etwas, das es zu verhindern gilt. Arbeiten bis zum Umfallen? Nein, so will ich nicht enden.

*

Der erste Schritt dazu besteht wohl darin, nicht arbeitssüchtig zu werden. Jeder zehnte Angestellte in Deutschland ist süchtig nach Arbeit, wie eine Studie des Bundesinstituts für Berufsbildung in Kooperation mit der Technischen Universität Braunschweig zeigt. Demnach arbeiten fast zehn Prozent aller Beschäftigten exzessiv, lange und parallel an verschiedenen Aufgaben – und das sogar dann, wenn ihnen die Arbeit kaum oder gar keinen Spaß bereitet. Betroffene können im Feierabend nicht abschalten, schlafen schlecht, haben permanent ein schlechtes Gewissen und stehen dauerhaft unter Druck. Vor allem Führungskräfte neigen dazu, suchthaft zu arbeiten. Von ihnen sind 12,4 Prozent süchtig, während von den übrigen Erwerbstätigen bis zu 8,7 Prozent betroffen sind.[96]

Ähnlich wie Spiel-, Alkohol- oder Kaufsüchtige leiden Betroffene häufig unter einer Art Kontrollverlust. Sobald sie längere Zeit nicht arbeiten, haben sie regelrechte Entzugserscheinungen. Beispielsweise an Wochenenden oder im Urlaub, wenn sie eigentlich abschalten sollten. Viele schaffen das nicht, sind dann gereizter und aggressiver. Letztendlich bedeutet arbeitssüchtig zu sein nicht, dass man immer und überall arbeitet, sondern dass man nie abschalten kann und sein Leben vollkommen nach dem Job ausrichtet. Führungskräfte, aber auch Selbstständige geraten schnell in diesen Kreislauf, weil Arbeit für sie oft kein natürliches Ende hat und immer etwas getan werden kann. Die To-do-Listen und Mailfächer sind schließlich nie abgearbeitet und werden täglich voller.

Auch Menschen, die ihren Beruf lieben und perfektionistisch sind, sind häufig arbeitssüchtig. Weil sie eben alle Aufgaben perfekt lösen, jeden Auftrag richtig bearbeiten und stets gut vorbereitet sein wollen. Das sind Menschen, die sich nicht damit zufriedengeben, ihre Arbeit nur zu erledigen – alles daran muss so genau wie möglich gemacht werden. Auch sie neigen deshalb dazu, viel zu viel zu arbeiten und auch in der Freizeit noch darüber nachzudenken, ob sie nicht doch etwas vergessen haben oder dies und jenes doch noch schnell am Samstag erledigt werden muss, weil es ja ganz sicher nicht bis Montag warten kann. Und sie springen häufiger für Kolleginnen und Kollegen ein, selbst wenn sie dafür Überstunden machen müssen.

Ebenso anfällig dafür, arbeitssüchtig zu werden, sind die Karrieristen, die aufsteigen wollen und dafür bereit sind, viel zu geben. Je ehrgeiziger ein Mensch, desto höher ist seine Bereitschaft, mehr zu leisten. Oft auch viel mehr, als vorgesehen ist oder irgendein Vorgesetzter oder das Unternehmen jemals erwarten würde. Dann entkoppelt sich der eigene Anspruch von den eigentlichen Anforderungen des Arbeitgebers – oft ohne dass der Mensch das realisiert.

Sie alle haben ein erhöhtes Risiko, irgendwann krank zu werden und einen Burn-on oder Burn-out zu erleiden. Meistens trifft es Menschen, die sich für unverzichtbar halten, sagt der Psychiater Rainer Hellweg.[97] Die krankhafte Erschöpfung fängt oft damit an, dass Betroffene permanent an die Arbeit denken, viel grübeln und wenig schlafen. Später können sie sich dann kaum noch konzentrieren, verlieren die Freude am Job und hören auf, sich mit ihrem Unternehmen zu identifizieren. Manche werden ihrem Arbeitgeber gegenüber zynisch, andere

Menschen sind ständig gereizt und ziehen sich zurück – oder arbeiten noch mehr, was nur dazu führt, dass sie noch erschöpfter werden. Ja, es gibt genetische Faktoren, die dazu beitragen können, dass man eher an einem Erschöpfungssyndrom oder anderen psychischen Problemen erkrankt. Das ist längst nachgewiesen, bedeutet aber nicht, dass der Faktor Arbeit nicht ebenso entscheidend ist. Und vor allem ist er veränderbar.

*

Ich arbeite zu gerne, um zu riskieren, meinen Job irgendwann zu hassen.

Ich habe für mich und mein Arbeitsleben beschlossen, dass ich es gar nicht erst darauf ankommen lassen will, irgendwann wegen eines Jobs krank zu werden. Ich will eine lebenslange eingebaute Burn-out-Sperre haben. Und dass nicht, weil ich faul sein will, im Gegenteil. Ich arbeite zu gerne, um es riskieren zu wollen, meinen Job irgendwann zu hassen. Ich will möglichst lange Freude an dem haben, was ich täglich tue, und nicht die Lust daran verlieren, weil ich nicht abschalten kann. Die Vorstellung, mich sonntags vor dem nächsten Arbeitstag zu fürchten und mittwochs schon keine Lust mehr auf die restliche Arbeitswoche zu haben, klingt für mich nach einem Horrorszenario.

Der Mensch verbringt zu viel Zeit in seinem Job, um mit solchen Situationen dauerhaft leben zu können und einfach immer weiterzumachen. Meine Generation achtet nicht nur in ihrem Eigeninteresse darauf, sich nicht zu überfordern, sondern auch, weil sie andere damit nicht belasten will. Wenn Stress ansteckend ist und ich damit Kolleginnen und Kollegen schade, will ich erst recht nicht dauerhaft gestresst sein. Gleichzeitig will ich auch meinem Arbeitgeber gegenüber nicht, dass ich durch das falsche oder zu viel Arbeiten krank werde und dauerhaft ausfalle. Oder mich irgendwann nicht mehr mit dem Unternehmen identifiziere und keine Leistung mehr erbringe.

*

Genauso wichtig wie nicht arbeitssüchtig zu werden ist einzugreifen, wenn man merkt, dass man überlastet oder krank ist. Leider schaffen viele Menschen noch nicht einmal das. Besonders jene, die arbeitssüchtig sind, aber auch viele andere Angestellten. 23,5 Prozent der Beschäftigten in Deutschland gehen laut einer Studie der Techniker Krankenkasse häufig krank zur Arbeit.[98] Rund 58 Prozent tun dies zumindest manchmal. Nur 17 Prozent der Befragten gaben an, immer zu Hause zu bleiben, wenn sie krank sind. Und dass trotz der Coronapandemie, in der den Menschen eingetrichtert wurde, wie wichtig es ist, andere nicht anzustecken – und wie schnell das gehen kann. Praktisch jeder hat damals in seiner Firma erlebt, wie einer den anderen ansteckte, mancher Betrieb war monatelang gelähmt, andere mussten immer wieder schließen oder alle möglichen Arbeitsabläufe umstellen. Natürlich ist die Pandemie vorbei – und doch sollten wir Lehren daraus gezogen haben, würde man meinen.

Dass so viele Menschen trotzdem arbeiten, wenn sie krank sind, liegt vor allem an einem falsch verstandenen Pflichtgefühl. Viel geändert hat sich daran nicht, im Gegenteil: Der Fachkräftemangel verstärkt das Problem. Immer mehr Angestellte fühlen sich schuldig, wenn sie krank zu Hause bleiben, während ihre überarbeiteten Kolleginnen und Kollegen den Dienst in der ohnehin schon schlecht besetzten Schicht machen müssen. Auch die Lehrerin, die ich in dem bayerischen Kloster am Ammersee kennenlernte, beschrieb genau dieses Schuldgefühl.

Es gibt die einen, die krank zur Arbeit erscheinen, weil sie sich sonst schuldig fühlen. Es gibt aber auch diejenigen, die arbeiten müssen, weil Unternehmen genau das erwarten und voraussetzen. Und diejenigen, die selbst damit prahlen, hart zu ackern und in der Schreibtischschublade Aspirin zu lagern oder Aufputschmittel zu nehmen, um noch mehr leisten zu können. Dafür gibt es übrigens sogar ein eigenes Wort: Präsentismus, das zwanghafte Zeigen von Präsenz im Dienst. Ein Konzept, das meiner Generation völlig fremd ist. Für uns gilt: Wer krank ist, ist krank und arbeitet nicht. Nur weil unsere Eltern und Großeltern mit einer Bronchitis ins Büro oder mit Regelschmerzen zum Dienst ins Restaurant gegangen sind, heißt das noch lange nicht, dass wir das auch tun müssen. Wenn ich dauerhaft Pillen schlucken muss, um arbeiten zu können, läuft etwas schief. Und zwar egal, ob ich das tun muss, um an der Universität zu unterrichten oder im Homeoffice Anrufe entgegenzunehmen.

Präsentismus, das zwanghafte Zeigen von Präsenz im Dienst, ist uns fremd.

Das sage ich nicht nur, weil ich es schlicht absurd finde, regelmäßig krank zur Arbeit zu gehen, sondern auch, weil dieses Verhalten dem Arbeitgeber letztendlich schadet. Laut Studien zerstört Präsentismus vielerorts die Produktivität. Langfristig gesehen, kostet es Unternehmen 2400 Euro im Jahr, wenn auch nur ein Angestellter krank zur Arbeit geht – und damit doppelt so viel, wie wenn der Beschäftigte sich krankmelden würde, wie eine Studie der Unternehmensberatung Booz & Company zeigt.[99] Denn: Wenn Angestellte trotz einer Krankheit arbeiten, leisten sie weniger, fallen im Anschluss länger aus und stecken Kolleginnen und Kollegen an. Es ist also wirklich kein falscher Anspruch, wenn junge Menschen heutzutage sagen: Nicht mit mir!

Nicht ohne Grund steigt die Zahl der Krankschreibungen seit vielen Jahren kontinuierlich an. Vor allem die für psychische Probleme, wie der Fehlzeitenreport der Techniker Krankenkasse zeigt. Demnach meldet sich jeder Versicherte im Schnitt 3,3 Tage aufgrund von psychischen Diagnosen krank – das ist ein Anstieg um 35 Prozent in den vergangenen zehn Jahren.[100] Wir melden uns nicht nur bewusst krank, wir diskutieren auch über den Menstruationsurlaub, damit Frauen mit starken Regelschmerzen frei bekommen, oder fordern Sabbaticals ein, damit Angestellte auch mal länger abschalten und sich regenerieren können. Beruflich benachteiligt zu werden, wenn man sich krankmeldet, klingt für uns wie eine Sicht auf Arbeit, die schon lange abgelaufen ist. Stattdessen fordern wir schlichtweg Arbeit, die nicht krank macht. Und das ist nicht zu viel verlangt.

Kapitel 4

Kein Mensch braucht Bullshit-Arbeit

Nicht nur Überforderung, sondern auch permanente Unterforderung im Job kann krank machen.[101] Klar: Jeder Angestellte hat mal einen langweiligen Arbeitstag, in jedem Job gibt es Aufgaben, die repetitiv sind, sich ständig wiederholen und es nicht erfordern, dass man sich besonders konzentriert oder anstrengt. Manchmal ist genau das gesund, weil der Mensch nicht dauerhaft kreativ sein und sich anstrengen kann. Eine Studie von Wissenschaftlerinnen und Wissenschaftlern der Universität Melbourne hat sogar gezeigt, dass ein Mensch nur bis zu 25 Arbeitsstunden in der Woche Höchstleistungen erbringen kann.[102] Alles darüber hinaus ist – zumindest ab einem gewissen Alter – schädlich. Befragt wurden 5000 Frauen und Männer ab 40 Jahren. Für die Studie wurden ihre Hirnleistungen getestet und dabei festgestellt, dass Arbeit den Menschen geistig fit hält – aber eben nur, bis die angesprochenen 25 Wochenstunden erreicht sind.

Es ist also vollkommen in Ordnung, wenn Jobs nicht nur Aufgaben beinhalten, die Konzentration erfordern. Genauso wie es zwischendurch Pausen braucht, braucht es auch Arbeitsanteile, die besonders einfach sind. Sonst kommt es zu Fehlern, die mitunter drastische Folgen haben können, etwa wenn übermüdete Ärztinnen Behandlungsfehler begehen, Anwälte vor Gericht die falschen Argumente bringen oder eine Busfahrerin einen Moment lang unkonzentriert ist und einen Unfall verursacht. Es ist also richtig, dass die Ärztin Formulare ausfüllen muss, der Anwalt E-Mails löschen und die Busfahrerin auch mal an einer Endhaltestelle wartet und sich langweilt. Auch ich kopiere in meinem Job hin und wieder stumpf Texte in das Redaktionssystem oder übertrage die Kontaktdaten unserer Autorinnen und Autoren in eine Tabelle. Und das ist gut so. Manchmal suche ich mir gezielt diese Aufgaben, wenn ich bemerke, dass ich mich gerade nicht so gut konzentrieren kann. Diese Arbeiten braucht es nicht nur für die Abläufe einer Firma, sondern auch für einen selbst. Denn wer kann schon immer konzentriert an einem Text arbeiten oder Menschen operieren oder komplexe Sachverhalte in einem Gutachten klären?

Nur: Was, wenn der Job an sich langweilig ist? Wenn es nicht nur einzelne Bestandteile gibt, die wenig Eigenleistung erfordern, sondern der ganze Arbeitsalltag davon durchzogen ist? So sehr, dass der ermüdende Anteil überwiegt und die eigentliche Arbeit dauerhaft langweilig wird? Wenn Menschen das Gefühl haben, viel mehr leisten zu können, ihr Job ihnen das aber nicht möglich macht und sie stattdessen vor Langeweile ermüden, wird es problematisch. Viele dieser Angestellten leiden am sogenannten Bore-out-Syndrom, also an einem Beruf, der sie permanent unterfordert.[103] Zwar ist es schwierig zu messen, wie viele Beschäftigte das genau betrifft, doch einige Umfragen deuten darauf hin, dass die Zahl der Betroffenen groß ist. Einer repräsentativen Erhebung des Meinungsforschungsunternehmens Yougov zufolge fühlen sich 41 Prozent aller Angestellten in Deutschland regelmäßig unterfordert.[104] Vor allem junge Beschäftigte zwischen 18 und 34 Jahren geben an, dass sie wertvoller für ihren Arbeitgeber sein könnten und ihre Aufgaben sie langweilen – ganze 47 Prozent empfinden das so.[105] Sie bekommen Aufgaben, die alles andere als anspruchsvoll sind und sich ständig wiederholen. Oder sie bekommen kaum Verantwortung, dürfen also wenig selbst entscheiden und beeinflussen, sondern sich nur unterordnen und Befehle ausführen. Zudem kann selbst die forderndste Arbeit langweilig werden, wenn sie immer wieder in denselben Schritten und Abläufen erledigt wird und ein Job nicht abwechslungsreich ist.

Viele Angestellte leiden am sogenannten Bore-Out-Syndrom.

So ging es auch David Becker, der eigentlich anders heißt und ZEIT ONLINE davon berichtete.[106] Er arbeitet als IT-Systemkaufmann in einem mittelgroßen Betrieb, der Software für Steuerberater und Rechtsanwälte herstellt. »Ich sitze an meinem Schreibtisch und warte auf Anrufe. Zu Stoßzeiten kommen die im Minutentakt. Dann wieder gibt es Tage, an denen das Telefon nur einmal in der Stunde klingelt«, sagt Becker. Die dann gestellten Fragen könne er »im Autopiloten« beantworten, das ginge auch im Schlaf, eigentlich zu jeder Uhrzeit. »Ich habe meinen Job also durchgespielt«, sagt Becker. Er kündige nur aus Angst vor Veränderung nicht, sagte er. Wie ihm geht es einigen Angestellten, die entweder unbefriedigende Aufgaben haben oder keinen Einfluss auf Entscheidungen nehmen können. So auch bei Thomas, der als Fachkraft für Sicherheit arbeitet und immer, wenn er etwas verbessern wollte, hörte: »Haben wir immer so gemacht.« Statt also innovative Ideen umzusetzen und damit seinem Unternehmen zu helfen, verbringt er täglich acht bis zehn Stunden im Dienst am Handy und langweilt sich.

Die einen Angestellten sitzen in diesen Situationen ihre Zeit ab, die anderen betrügen im Job, weil sie so unterfordert sind und es einfach niemand bemerkt, wenn sie nicht arbeiten. Expertinnen und Experten sprechen dann von sogenannter Fake-Work, die nur vorgegeben, aber nicht ausgeführt wird.[107] In einer unserer Recherchen haben uns Menschen Mitte des vergangenen Jahres davon erzählt, wie sie massiven Arbeitszeitbetrug begehen, indem sie während der Arbeitszeit Serien schauen, neben der Konferenz ein Onlinespiel laufen lassen oder den »inneren Rückzug« antreten, indem sie nur noch das Nötigste machen, sodass sie gerade so nicht gekündigt werden.[108] Manche werden dabei besonders kreativ und haben Programme installiert, die simulieren, dass sie im Homeoffice tippen, in Konferenzen sind oder telefonieren. Andere werden gar nicht kontrolliert, können ihre Arbeit in nur wenigen Stunden morgens erledigen und sind den Rest des Tages nicht mehr gefordert.

So wie eine junge Informatikerin, die berichtete, wie sie permanent in einer Telefonsoftware online ist. »Wenn jemand anruft, gehe ich sofort ran und erledige meine Arbeit. Es fällt aber nicht viel Arbeit an, daher mache ich auch wenig«, sagte sie. Also könne sie Serien schauen, sich Pizza bestellen und wenig Zeit mit Arbeit verbringen. »Ich habe schon vor langer Zeit den Antrieb verloren«, sagte sie. Sie verdiene gut und arbeite effektiv »vielleicht zehn Stunden in der Woche«. Und das bei einer Vollzeitstelle. Auffallen würde das im Unternehmen niemandem, im Gegenteil, sie werde in den Mitarbeitergesprächen nur gelobt.

Ähnlich ergeht es einer Wissenschaftlerin, die in einer Gehaltsgruppe startete, die weder ihrer Qualifikation noch den Aufgaben entsprach. Lange wurde ihr versprochen, dass sie künftig besser bezahlt werden würde – doch es blieb bei dem Versprechen. Schrittweise reduzierte sie ihre Tätigkeit, um mittlerweile nur noch das Allernötigste zu machen. »Ich bin physisch präsent, beantworte die wichtigsten E-Mails, nehme den Telefonhörer ab, erledige kleine Aufgaben«, sagt sie. Aber mehr tue sie nicht. Stattdessen arbeite sie in ihrem Nebenjob als Lektorin oder schreibe an ihrem aktuellen Buch weiter.

Und ja, all das mag wie ein Luxusproblem klingen, wenn man an jene denkt, die täglich hart arbeiten oder für ihre Karriereziele Überstunden machen. Wer würde nicht gerne dafür bezahlt werden, möglichst wenig zu tun? Man könnte auch ketzerisch davon sprechen, dass diese Menschen ja bereits in der bezahlten Vier- oder Dreitagewoche leben, die sich so viele Beschäftigte wünschen. Und sicher ertappt sich jeder mal dabei, sich einen Job zu wünschen, der wenig von einem fordert. Doch ein Bore-out ist nicht zu unterschätzen. Der Psychologie John D. Eastwood definiert Langeweile als das unbefriedigte Bedürfnis nach einer befriedigenden Tätigkeit.[109] Demnach sind vor allem jene Menschen davon betroffen, denen ein zufriedenstellender Job verwehrt wird. Und das kann dauerhaft krank machen, wenn sich die Aufgaben wiederholen und unterfordern. Das führt langfristig zu denselben Symptomen wie bei Menschen, die überarbeitet sind. Langeweile und Desinteresse lösen Stress aus, der wiederum Schlafstörungen, psychosomatische Erkrankungen und eine generelle Lustlosigkeit am Leben auslösen kann.

Ein Leser, der sich an unsere Redaktion gewandt hat, beschreibt das gut: »Ich habe weniger als die Hälfte meiner Arbeitszeit zu tun. Die restliche Zeit fülle ich mit Wäschewaschen, Essensvorbereitung, Filmeschauen. Wenn nach zwei Stunden Arbeit nichts mehr zu tun ist, nehme ich den Laptop mit ins Bett und schaue sporadisch nach, ob es was Neues gibt.« Die Arbeit unterfordere ihn und belaste ihn psychisch. »Ich fühle mich ungewollt. Wenn ich im Büro bin, muss ich die Zeit irgendwie totschlagen, und das kostet sehr viel Kraft. Jeden Tag nicke ich fast vor dem Laptop ein, da die Arbeit sehr banal ist«, sagt er. Seine Arbeit komme ihm »sinnlos, umweltschädigend und leer« vor. So sehr, dass er auch an seiner Person zweifelt und nicht mehr glücklich ist.

Der Philosoph David Graeber hat für Arbeit wie diese einen Begriff geprägt: die sogenannten Bullshitjobs.[110] Gemeint sind Berufe, die sinnlos erscheinen, keinen Beitrag zu etwas

Gutem leisten und frustrierend auszuüben sind. Kurz gesagt: unnütze Arbeit, die eigentlich niemand braucht, die aber trotzdem da ist und sogar noch bezahlt wird. Manchmal sogar ziemlich gut. Vor allem dann, wenn Unternehmen nicht wissen, dass Angestellte ihr Arbeitspensum schon nach kurzer Zeit erreicht haben und gleichzeitig nichts daran ändern. Oder wenn Behörden es regelrecht wissend in Kauf nehmen, wenn Beschäftigte nichts zu tun haben. Doch auch in der freien Wirtschaft gibt es zu viele Jobs, die kaum einen Nutzen haben – weder für die Gesellschaft noch für den Einzelnen oder die Firma. Graeber glaubt, dass weltweit viele Millionen Menschen in solchen Jobs stecken – und sie alle dazu neigen, an einem Bore-out zu erkranken.

Weltweit stecken viele Millionen Menschen in Bullshitjobs.

Ich habe einen Job, der so ganz anders ist. Er erfüllt mich mit Sinn – und ehrlich gesagt, könnte ich mir Gegenteiliges gar nicht vorstellen. Ich erwarte von einem Job, dass ich mich einbringen kann und das Gefühl habe, etwas Sinnvolles zu tun. Ich kann jeden verstehen, der sich Arbeit sucht, die möglichst wenig anstrengend, aber gut bezahlt ist. Oder sich mit einem Job zufriedengibt, der eher halberfüllend ist, wenn einem das Gehalt dafür vieles ermöglicht. Ich will aber kein Schmerzensgeld. Ich würde niemals einen Job ergreifen, der mich unterfordert oder mir keine Freude bereitet. Zumindest nicht dauerhaft.

Ja, auch ich habe in meinem Studium in einem Lager den ganzen Tag lang Brillen in Pakete gepackt, vor dem Muttertag in einer Fabrikhalle unzählige Blumensträuße gebunden und Nachtschichten in einem Hotel gemacht, das leer stand. In Letzterem war ich zwei Monate lang nur dafür zuständig, im Falle eines falschen Feueralarms in den zweiten Stock des Hotels zu laufen und einen Knopf zu drücken, damit der Alarm stoppt und die Feuerwehr nicht ausrücken muss. Das hätte anscheinend passieren können, kam aber nie vor. Und es war für den Hotelbetreiber anscheinend günstiger, mir damals zehn Euro in der Stunde zu bezahlen, als einen unnötigen Feuerwehreinsatz selbst bezahlen zu müssen. Ich fühlte mich finanziell gut dafür entschädigt, hinterfragte nichts davon und schaute die ganze Nacht die Olympischen Winterspiele in Südkorea am Fernseher in der Lobby, schrieb an der Hotelbar meine Bachelorarbeit und hielt mich mit Club Mate aus der Küche wach. Ich habe nie wieder so einfach Geld verdient. Genauso wenig wie das Herumsitzen in einem leeren Hotel hat es mich erfüllt, Jahre später morgens um fünf Uhr aufzustehen und quer durch Berlin zu fahren, um dann in einem ausgebuchten Hotel erst das Frühstücksbüfett aufzubauen, dann die Essensreste von den Tischen der Gäste einzusammeln und diese schließlich in eine große Tonne zu kippen. Ich musste mich dabei permanent bewegen, darauf achtete die Schichtleiterin penetrant, ich hatte also ein bezahltes Sportprogramm – aber erfüllt hat mich der Job nicht.

Ich will hier wirklich nicht falsch verstanden werden: All diese Arbeit muss gemacht werden und kann auch Spaß bereiten, vor allem wenn nicht der komplette Job nur aus diesen Tätigkeiten besteht. Ich will auch nicht bestreiten, dass jemand Freude dabei empfinden kann – jeder Mensch ist anders und hat andere Erwartungen und Stärken. Ich habe genug Freundinnen und Freunde, die niemals in den Journalismus gehen würden. Die keine Texte schreiben wollen, es schrecklich fänden, in einem Podcast davon zu erzählen, und erst recht keine Lust auf Themenkonferenzen oder andere Meetings hätten. Sie wären ähnlich am falschen Platz wie ich damals im Hotel. Und auch für mich waren die Hoteljobs zur damaligen Zeit völlig in Ordnung, da ich wusste, dass ich jederzeit kündigen konnte, und nicht plante, diese Arbeit mein ganzes Arbeitsleben lang zu tun, sondern nur, um Geld zu verdienen, damit ich mir die gering bezahlten Praktika bei Zeitungen und meine Ausbildung an der Journalistenschule leisten konnte.

*

Ferien- und Aushilfsjobs dürfen auch mal schrecklich langweilig und monoton sein, da erwartet man nicht mehr. Nur sollte es abseits davon nicht zu viele dieser Berufe und Jobs geben, die Menschen nur machen (müssen), um Geld zu verdienen. Ja, für viele ist gar nichts anderes möglich, aber das ist kein hinnehmbarer Zustand, sondern etwas, das sich verändern sollte. Mit Blick auf die Arbeitswelt von morgen muss es darum gehen, Jobs so zu gestalten, dass sie einen Menschen weder süchtig noch krank oder sogar beides machen. Und zwar in allen Branchen, vom Handwerk bis rein in die Büros. Es braucht überall Berufe, die Angestellte weder über- noch permanent unterfordern. Kurz gesagt: Arbeit, die krank macht, gehört abgeschafft. Meine Generation fordert zu nicht viel, wenn sie erwartet, dass man am Arbeitsplatz nicht ausgebeutet oder ausgelaugt wird. Wir wollen nicht arbeiten, um uns dann am Wochenende oder im Urlaub auskurieren zu müssen. Und wir wollen uns auch nicht unter der Woche langweilen, um dann in einen Trott zu gelangen, der genauso ungesund ist. Es ist an der Zeit, dass sich Jobs verändern – und zwar nicht nur für die privilegierten Großstädter im Homeoffice, sondern in allen Betrieben und jeder Ausbildung.

Arbeit, die krank macht, gehört abgeschafft.

Beginnen sollten wir damit, ehrlich mit uns selbst zu sein. Im Juni 2023 sprach ich darüber mit Michael Cholbi.[III] Er ist Professor und Philosoph an der Universität Edinburgh. Dort forscht er zu sogenannten adaptiven Präferenzen und glaubt: Arbeit kann gar nicht glücklich machen. Ich widersprach ihm, schließlich halte ich meinen Job für sinnstiftend und glaube auch, dass ich deshalb ein zufriedeneres Leben führe. Ja, das sei möglich, sagte Cholbi, aber für viele Menschen nicht. Genau diese Angestellten würden sich ihre Jobs permanent schönreden. Das erklärte er an einem treffenden Beispiel, einem Gedicht des griechischen Dichters Äsop. Darin geht es um einen hungrigen Fuchs, der an einer Weinrebe vorbeiläuft und ein paar Trauben essen will. Nur schafft er es nicht, an die Rebe heranzukommen, und ist frustriert. Schließlich gibt er auf und sagt: Die Trauben sind mir eh zu sauer. Und wie dieser Fuchs gehen laut Cholbi viele Angestellte vor, wenn sie von ihren Jobs erzählen und diese bewerten. Sie nutzen ihre adaptiven Präferenzen, mit denen Menschen sich an eine Situation anpassen. »Wenn Alternativen fehlen, nehmen wir das, was übrig bleibt, anders wahr«, sagt Cholbi. Wer also keinen anderen Job in Aussicht oder gerade keine Lust und Zeit hat, um sich darum zu kümmern, gibt auf und glaubt irgendwann selbst, dass er wirklich glücklich ist.

Cholbi fordert dazu auf, Arbeit zu hinterfragen, statt unkritisch zu heroisieren. Jeder und jede solle prüfen, ob die positiven Gefühle, die man gegenüber dem eigenen Jobs spürt, gut begründet oder nur »das Produkt unserer Sozialisation« sind. Denn in einer arbeitszentrierten Gesellschaft sei es völlig normal, dass Menschen ihre Arbeit unbewusst aufwerten – und damit ihre Arbeitsbedingungen besser darstellen, als sie eigentlich sind. Cholbi hat mich mit seinen Worten nachdenklich gemacht und mir gezeigt: Arbeit muss hinterfragt werden – auch von jenen, die glauben, zufrieden mit ihren Jobs und Berufen zu sein. Und besonders von jenen, die sich über- oder unterfordert fühlen und dadurch krank werden.

Nur wer seinen Job wirklich hinterfragt, kann etwas an ihm verändern. Entweder durch Gespräche mit Vorgesetzten oder dadurch, dass man seine Stelle oder sogar die ganze Branche wechselt. Nicht wenige haben das in den vergangenen Jahren getan und sind zu sogenannten Quereinsteigern geworden: zu Menschen, die nun in ganz anderen Berufen arbeiten, in denen sie nie richtig ausgebildet wurden. Sie waren in ihren ursprünglichen Jobs unzufrieden und sind heute Lehrerinnen und Lehrer, Pflegekräfte oder Programmierer. Oder sie haben sich als Coach oder Berater selbstständig gemacht.

Für die Generation Anspruch ist das keine Seltenheit mehr. Nur die wenigsten wollen für sich ausschließen, irgendwann mal in einem ganz anderen Beruf zu landen. Sich neu zu erfinden, mal etwas auszuprobieren. Stattdessen sagen viele, dass sie sich nicht vorstellen können, bis zur Rente immer dieselben Aufgaben zu machen. Der Social-Media-Trend des Rage Applying zeigt, dass sich bei jungen Menschen etwas bewegt.[112] Dieser Begriff beschreibt das Phänomen, wenn Menschen in ihrem Job frustriert sind und wahllos Bewerbungen an zig Unternehmen auf einmal versenden. Rage Applying ist als Symptom zu verstehen für Menschen, die in ihren Jobs unglücklich sind und daran etwas ändern wollen. Studien zeigen, dass es in keiner anderen Generation eine so hohe Wechselbereitschaft gibt.[113]

Junge Menschen sind viel eher dazu bereit, ihren Job oder sogar ihren Beruf aufzugeben, um sich etwas anderes zu suchen, das entweder besser bezahlt oder mit mehr Sinn verbunden ist. Ganz anders handeln da die Älteren: 57 Prozent der Menschen im Alter von 40 bis 49 Jahren und drei Viertel aller noch Älteren wollen ihrem Arbeitgeber möglichst lange treu bleiben.[114] Viele der über 50-Jährigen sind nicht mehr dazu bereit, für mehr Geld oder bessere Aufstiegschancen ihren Job zu wechseln. Jüngere sehen das ganz anders – auch weil sie anders in die Zukunft blicken, den Fachkräftemangel wahrnehmen und wissen, dass sich ohnehin viele unserer Berufe in Zukunft verändern werden. Nie war es einfacher, einen Job zu wechseln – oder ihn anzupassen und zu optimieren.

*

Künstliche Intelligenz wird diesen Trend in Zukunft weiter verstärken. Schon heute können Bots schreiben, malen oder programmieren und sind längst Teil unserer Arbeitswelt. An einer Universität in Pennsylvania bestand ein Bot die Abschlussprüfung in Betriebsführung.[115] An der Semperoper in Dresden wurde eine Oper aufgeführt, die eine Maschine geschrieben hat.[116] In Kolumbien hat ein Richter das Tool ChatGPT genutzt, um ein Urteil zu begründen.[117] Und in Colorado gewann ein Künstler den renommierten Wettbewerb State Fair – ohne das Bild selbst gemalt zu haben, das übernahm ein Algorithmus für ihn.[118] Und das alles scheint, wenn man Expertinnen und Experten glaubt, nur der Anfang einer großen Veränderung zu sein. Einer Entwicklung, die sich nicht mehr aufhalten lässt, selbst wenn man es versuchen würde.

Unter künstlicher Intelligenz versteht man ein System, das lernt und selbstständig Entscheidungen trifft. Oder wie Christian Bauckhage, Professor für Informatik an der Universität Bonn und Wissenschaftler am Fraunhofer-Institut, es ausdrückt: »eine Technologie, die menschenähnliche Intelligenzleistungen erbringen, also lernen, urteilen und Probleme lösen kann«.[119] Bauckhage erklärte mir das anhand eines einfachen Beispiels. Er forderte mich auf, einen Satz zu vervollständigen: Als ich nach Hause kam, wartete mein … auf mich und wollte gestreichelt werden. Hund! Bauckhage lachte und sagte: »Sie haben gerade nichts anderes getan als ChatGPT. Sie haben nicht Partner, Kater oder Hausschwein gesagt, sondern das Wort gewählt, das am wahrscheinlichsten passt.« Genauso funktioniere und arbeite die künstliche Intelligenz. Sie rechne permanent Wahrscheinlichkeiten aus und könne dazu im Gegensatz zum Menschen auf mehrere Millionen Datenpunkte gleichzeitig zugreifen. Und genau darin liege das enorme Potenzial der Technologie. »Die künstliche Intelligenz kann sich in nur wenigen Jahren exponentiell verbessern«, sagt Bauckhage. Vor allem jetzt, wo die großen Digitalkonzerne aus dem Silicon Valley, von Apple über Google bis hin zu Microsoft, massiv in die Technologie investierten.

Werden Maschinen also in Zukunft so gut werden, dass sie die Jobs vieler Menschen ersetzen können? 24 Prozent der Menschen in Deutschland glauben laut einer repräsentativen Umfrage des Meinungsforschungsinstituts Civey, dass künstliche Intelligenz eine Gefahr für ihre Arbeitsstelle wird.[120] Ich frage mich: Sollten wir hier wirklich von einer Gefahr sprechen? Ich denke, wir sollten diese Entwicklung eher herbeisehnen: Wir arbeiten zu viel, die Angestellten werden durch Überforderung oder Unterforderung krank, und viele Menschen hängen in Bullshitjobs fest, die weder etwas Sinnvolles für die Welt beitragen noch die Angestellten zufriedenstellen.

Ich finde: Wir sollten Arbeit radikal rationalisieren. Und zwar überall, in jeder Branche. Wenn eine Maschine einen Job ersetzen kann, dann nur zu! Arbeit, die eine künstliche Intelligenz erledigen kann, sollte sie erledigen. Warum auch nicht? Nur weil frühere Generationen ohne die Technik malocht haben, heißt das nicht, dass wir das bis in alle Ewigkeit weiter tun müssen. Der britische Ökonom John Maynard Keynes glaubte in den frühen 1930er-Jahren, dass spätere Generationen über so viele Maschinen verfügen würden, dass jegliche menschlichen Bedürfnisse gestillt werden könnten – und der Mensch dafür höchstens 15 Stunden pro Woche arbeiten müsse.[121] Dazu ist es bekanntlich nie gekommen, auch weil die Werbeindustrie immer neue Bedürfnisse geschaffen hat, die der Mensch nun mit noch mehr Geld mittels noch mehr Arbeit zu erfüllen versucht.

Wenn eine Maschine einen Job ersetzen kann, dann nur zu!

Doch heute scheint es, dass künstliche Intelligenz ihren Teil dazu beitragen könnte, dass der eine oder andere Job überflüssig wird. Es wäre nicht das erste Mal in der Menschheitsgeschichte, dass eine Transformation dafür sorgt, dass Berufsbilder aussterben. Der Illustrator Markus Rottmann hat dazu ein Buch geschrieben und 89 außergewöhnliche Jobs vorgestellt, die Menschen früher einmal hatten – und sicherlich auch dachten: Meine Arbeit wird es immer geben.[122] Für den Fackeljungen kam es anders. Er verdiente sein Geld damit, Menschen durch dunkle Gassen zu begleiten, oft nachts auf dem Weg nach Hause. Dieser Job starb vor etwa 300 Jahren aus. Ähnlich erging es dem Sesselträger, der wie ein menschliches Taxi Adelige in einem kastenförmigen Sitz mit zwei Stangen durch die Gegend trug. Seit 200 Jahren übt niemand mehr diesen Beruf aus. Genauso wie niemand mehr als Aufweckerin arbeitet. Als Mitte des 18. Jahrhunderts in England die ersten Fabriken entstanden und Menschen Maschinen bedienen mussten, war es besonders wichtig, dass alle morgens pünktlich zur Arbeit erscheinen. Damit niemand verschlief, stellten die Fabrikbesitzer Aufweckerinnen ein, die mit einem Bambusrohr an die Fenster der Arbeiterwohnungen klopften. Manche Aufwecker schossen auch Erbsen durch ein Blasrohr an die Scheiben, um die Arbeiter wach zu bekommen. Bis ins Jahr 1920 wurden Aufwecker eingesetzt – und seitdem nie wieder. Mit der Erfindung der Straßenlaterne, der Räder, Kutschen und der ersten mechanischen Wecker verloren all diese Menschen ihre Jobs. Genauso wie Stenografen, Telefonistinnen oder Hofnarren irgendwann keine Arbeit mehr fanden, weil sie überflüssig wurden. Und ja, so werden auch die künstliche Intelligenz und der technologische Fortschritt die eine oder andere Arbeit in ferner Zukunft ersetzen.

In Zeiten des Fachkräftemangels könnte dadurch enormes Potenzial frei werden. Ist das realistisch oder nur eine weitere

Utopie wie die, an die Keynes vor Jahrzehnten glaubte? Microsoft-Gründer Bill Gates ist überzeugt davon, dass wir hier nicht über Wunschdenken sprechen. In einem Interview sagte er: »Die neue Technologie ist so bedeutend wie die Erfindung des Internets. Sie wird unsere Welt verändern.«[123] Es werde noch ein paar Jahre dauern, bis einige Fehler gelöst seien, aber dann gebe es keinen Weg zurück. In Zukunft würden wir durch den Einsatz künstlicher Intelligenz alle weniger arbeiten als heute. Auch Wirtschaftsnobelpreisträger Paul Krugmann glaubt das und spricht sogar davon, dass »einige von uns sich in der Arbeitslosigkeit wiederfinden oder viel weniger verdienen« würden als heute.[124] Krugmann meint nicht die Pflegekräfte, Polizistinnen oder Postboten. Für sie dürfte sich wenig ändern, selbst wenn die künstliche Intelligenz weiter lernt und stetig besser wird. Diese Berufe dürften auch trotz neuer Technik nicht aussterben. Und während in den vergangenen Jahren viele Menschen glaubten, dass zuerst die Lkw-Fahrer, die Kassiererinnen oder Fabrikarbeiter durch Roboter oder Technologie ersetzt würden, sind es jetzt die Büroarbeiter, die sich bedroht fühlen sollten. Oder besser gesagt: die sich darauf freuen sollten, dass künstliche Intelligenz ihnen in Zukunft ziemlich viel Arbeit abnimmt.

Ich gehöre mit meinem Beruf zu dieser Kategorie. Und ich hätte wirklich nichts gegen eine Welt, in der eine künstliche Intelligenz meine Mails schreibt, Termine vereinbart, Aufnahmen transkribiert, Fehler in Texten korrigiert, mir Titel vorschlägt, passende Bilder sucht und Studien sowie Gesprächspartner empfiehlt. Ich würde mich zumindest nicht wehren gegen einen digitalen Helfer, der mir so die Viertagewoche, den Sechsstundentag oder mehr Zeit für größere Recherchen ermöglicht. Den Rest meiner Arbeit, so viel scheint erst mal sicher, könnte eine künstliche Intelligenz allerdings nicht übernehmen. Wie soll sie jemals Interviews führen, einen LKW-Fahrer begleiten und porträtieren oder in Konferenzen Themen entwickeln? Auch ist es recht unwahrscheinlich, dass eine künstliche Intelligenz dieses persönliche Buch schreiben, darüber in einem Podcast sprechen oder eine Lesung halten könnte.

Doch alles andere, alles, was die künstliche Intelligenz übernehmen kann, darf sie gerne tun. Und das sollte nicht nur für meinen Beruf gelten. Aktuell setzen erst 15 Prozent der Unternehmen in Deutschland künstliche Intelligenz ein.[125] Schon bald dürfte aber die Mehrheit der Unternehmen damit arbeiten. Vor allem fünf Arbeitsgebiete könnten davon betroffen sein:[126] die der Hotlines und Callcenter, in denen in Zukunft nur noch eine Maschine in der Leitung oder ein Chatbot im Internet Kundenfragen beantworten wird. Genauso wie die Jobs von Assistentinnen und Assistenten, beispielsweise in Sekretariaten. Schon bald könnte eine künstliche Intelligenz dort viele Arbeiten übernehmen. Zum Beispiel könnte eine Maschine künftig in Gesetzesbüchern und Akten recherchieren, Dokumente oder Satzungen erstellen, Mails schreiben und Terminanfragen verschicken. All das wäre künftig keine Aufgabe mehr, die ein Mensch machen müsste. Auch in Banken und Versicherungen könnte künstliche Intelligenz Arbeit übernehmen. Schon heute prüft ein Algorithmus bei der Deutschen Bank, ob Kundendaten stimmen, oder meldet verdächtige Vorgänge an die Expertinnen und Experten. Bald schon könnte künstliche Intelligenz auch Risiken bewerten und Portfolios managen. Anders als ein Mensch kann eine Maschine parallel auf unzählige Datenmengen zugreifen und diese zusammenfassen – einige Arbeitsschritte eines Brokers oder Investmentbankers könnten dadurch wegfallen. Selbst in der Medizin wird künstliche Intelligenz an der Arbeitsweise von Ärztinnen und Ärzten einiges verändern, auch wenn es da nicht wie in Science-Fiction-Filmen um den Roboter geht, der allein Menschen operiert. Sondern um künstliche Intelligenz, die beispielsweise Bilder aus der Computertomografie oder MRT-Aufnahmen auswertet und Auffälligkeiten zuverlässiger als der Mensch erkennt.

Auch in der IT-Branche selbst dürfte durch künstliche Intelligenz in Zukunft einiges anders ablaufen. Schon heute kann man ChatGPT darum bitten, ganze Codeabschnitte zu erstellen oder zu ergänzen. Laut einem Bericht ist die Arbeit des Bots schon so gut, dass er als Berufseinsteiger bei Google anfangen könnte – zumindest würde er das Bewerbungsverfahren bestehen. Und wenn er das jetzt schon schafft, wie lange dauert es bei einem lernenden System, bis die Bots auch die wirklich schwierigen Programmierungen übernehmen können? Sicher sagen kann das niemand. Klar ist nur: Künstliche Intelligenz wird die Wirtschaft massiv verändern, Jobs ersetzen und Arbeit ergänzen.

In Zeiten des Fachkräftemangels ist es eine gute Nachricht, dass künstliche Intelligenz bald Jobs ersetzt.

In Zeiten des Fachkräftemangels klingt das wie eine gute Nachricht. Es ist schon skurril: In nur wenigen Jahren hat sich die Einstellung gegenüber Robotern und Maschinen drastisch verändert. Viele Gewerkschaften, Politikerinnen oder Journalisten warnten davor, dass der digitale Wandel Arbeitsplätze zerstören würde. Was noch vor wenigen Jahren wie eine Dystopie wirkte, ist heute die Hoffnung vieler Unternehmerinnen und Unternehmer und auch der Angestellten, die immer mehr Arbeit und weniger Kolleginnen und Kollegen haben. Plötzlich wird die künstliche Intelligenz nicht mehr gefürchtet, sondern herbeigesehnt. Sie könnte in Zukunft künftig Bullshitjobs übernehmen, Burn-outs verhindern und dafür sorgen, dass Unternehmen, die kein menschliches Personal finden, trotzdem wachsen können. Eine Welt, in der Menschen weniger, aber besser arbeiten, scheint möglich. Und keine Sorge: Auch in dieser Welt bleibt genug Arbeit übrig.

*

Menschen, deren Jobs überflüssig werden, werden ohnehin in Rente gehen oder können umgeschult werden. Nicht ohne Grund diskutiert die Politik ein Recht auf Weiterbildung und die Einführung einer sogenannten Bildungszeit – ein Modell, das es in Österreich schon gibt und Beschäftigten dabei helfen soll, sich an den Fortschritt anzupassen.[127] Künftig sollen auch Unternehmen in Deutschland ein Qualifizierungsgeld beantragen können. Beschäftigte könnten sich dann weiterbilden und würden 60 Prozent (mit Kindern 67 Prozent) ihres Gehaltes weiter ausgezahlt bekommen.[128] Das soll Angestellte motivieren, sich neues Wissen anzueignen, mit dem sie in ihrem Unternehmen eine andere Stelle übernehmen können.

Manche Beschäftigte könnten diese Zeit beispielsweise nutzen, um zu lernen, wie sie mit künstlicher Intelligenz zusammenarbeiten, statt durch sie ersetzt zu werden. Andere könnten etwas völlig Neues lernen – und in einem der zahlreichen Berufe unterkommen, in denen händeringend nach Personal gesucht wird. Denn der Fachkräftemangel zeigt, dass für all diese Menschen genug Arbeit übrig bleibt. Und nicht nur das: Durch die Transformation werden neue Jobs entstehen.

Wer hätte vor 20 Jahren gedacht, dass es einmal SEO-Manager, Influencerinnen oder Customer-Experience-Designer geben würde? Spricht man mit Expertinnen und Experten über die Berufe der Zukunft, wird klar, dass diese vor allem mit der Digitalisierung und dem Klimawandel zusammenhängen.[129] So wird es Drohnenpiloten geben, die in der Landwirtschaft arbeiten und über Mais- und Weizenfelder fliegen, um Multispektralaufnahmen zu machen. Mit denen kann man dann erkennen, ob die Pflanzen ausreichend bewässert sind und welche Nährstoffe im Boden fehlen. Gleichzeitig wird es

Designer für virtuelle Welten geben, die sozusagen begehbare Spiele oder Onlineshops entwickeln. Oder Ingenieure für erneuerbare Energien und »gute Hacker«, sogenannte White Hats, die für die IT-Sicherheit staatlicher Institutionen sorgen. Es wird vor allem um Arbeit gehen, die keine Maschine übernehmen kann. Viele Bullshitjobs werden wegfallen und tendenziell durch solche ersetzt werden, die einen Sinn haben.

Und nicht nur das: Künstliche Intelligenz wird den Menschen in so vielen Belangen entlasten können. Wir sollten an dieser Stelle der Debatte über den Begriff Arbeit sprechen und ihn gesellschaftlich anders definieren. Es wäre falsch, nur von Erwerbsarbeit, nicht aber auch von Sorgearbeit zu sprechen. Von der Erziehung unserer Kinder, der Pflege unserer Verwandten und all der Arbeit, die in unseren Haushalten anfällt. Nein, nicht alles ist Arbeit, auch wenn der Trend dahin geht, immer mehr Tätigkeiten als Arbeit zu bezeichnen. Wenn wir Probleme mit unserem Partner haben, reden wir von Beziehungsarbeit. Wenn wir Probleme mit uns haben, sprechen wir von Selbstarbeit. Auch Freundschaften zu pflegen oder sich um den eigenen Körper zu kümmern ist für manche Menschen Arbeit. Ich halte wenig davon, den Begriff inflationär zu nutzen, aber viel davon, ihn an den richtigen Stellen zu verwenden. Vor allem, um die viele unsichtbare Arbeit sichtbar zu machen, die tagtäglich ausgeübt wird.

Unter Arbeit verstehe ich das, was Georg Wilhelm Friedrich Hegel wie folgt zusammenfast: Arbeit ist all das, was einem allgemeinen Zweck dient.[130] Also ja, die Lohnarbeit im Berufsleben, aber auch die Care-Arbeit zu Hause oder das Ehrenamt bei der Tafel oder im Jugendsportverein. Ich meine hier primär Dinge, die eine künstliche Intelligenz niemals erledigen kann – was auch gut so ist. Wir sollten den Einsatz künstlicher Intelligenz dazu nutzen, um den Menschen zu entlasten, der diese unsichtbare Arbeit macht. Und zwar nicht nur durch Smart

Homes und Kühlschränke, die Lebensmittel automatisch bestellen. Vielmehr könnte künstliche Intelligenz dazu beitragen, dass Menschen in ihrer Lohnarbeit weniger arbeiten müssen und dementsprechend mehr Zeit haben, um die vielen Aufgaben zu Hause zu erledigen. In Zukunft muss es darum gehen, dass der Mensch – egal, ob im Büro, in der Fabrik oder zu Hause – nur noch die Arbeiten selbst macht, die wirklich wichtig sind. Alles andere dürfen Roboter gerne übernehmen.

Kapitel 5

Arbeit macht nicht reich

Meiner Mutter war eines immer besonders wichtig: dass ich es einmal besser haben würde, als sie es früher gehabt hatte. Sie wuchs in einem kleinen Dorf in der Pfalz auf. Ihr Vater war Stuckateur, ihre Mutter Hausfrau. Alle zwei Jahre ein Urlaub an der Ostsee, Geld für die Klassenfahrt war meistens keines da. Gebrauchte Kleidung, mittags Kartoffelsuppe, genau wie gestern, gerade so viel Taschengeld, dass man sich alle drei Monate den Kinobesuch leisten konnte – aber ohne den Bus zu nehmen, natürlich ohne Popcorn oder Eis. Sie ging auf die Realschule, begann danach eine Ausbildung zur Pflegekraft. Später lebte sie erst in einer kleinen Wohnung in der nächstgrößeren Stadt, dann in einem größeren Haus im kleinsten Dorf des Landkreises. Gemeinsam mit meinem Vater, auch ein Pfleger, sogar in demselben Seniorenheim. Dort hatten sie sich kennengelernt, geheiratet, mich bekommen. Ich hatte eine unbeschwerte Kindheit, wir waren weder reich noch arm. Mal eine Fernreise, alle zehn Jahre ein neues Auto, dafür kaum Ersparnisse. Keine Aktien, ein kleines Haus, ein hoher Kredit. Sicherlich kein beklagenswertes Leben und eines, das vor allem dazu führen sollte, dass es mir einmal besser gehen würde als meiner Mutter.

Sie hatte für mich klare Vorstellungen davon, wie dieses Es-einmal-besser-Haben auszusehen hatte: Abitur, Studium, ein sicherer Job, im Idealfall Eigentum und möglichst viel von der Welt sehen. All das wollte mir meine Mutter ermöglichen und ging auch nach der Scheidung und als Alleinerziehende fast in

Vollzeit arbeiten. Sie wechselte sogar ihre Stelle, damit sie mehr verdiente, um mir die Nachhilfelehrerin in Französisch und Mathe, später mein Studium und die gering bezahlten Praktika im Journalismus mitfinanzieren zu können. Ihr Sohn solle einmal all das machen können, was ihr verwehrt geblieben sei, sagte sie oft. Und ja, ich war der Erste in meiner Familie, der Abitur machte und studierte – vieles von dem, was sich meine Mutter für mich erhoffte, trat ein. Aber das ist ein Privileg und nicht der Normalfall, wenn man die gesellschaftliche Entwicklung der vergangenen Jahrzehnte betrachtet.

90 Prozent derer, die in den sogenannten Wirtschaftswunderjahren, also den 50er-und 60er-Jahren, zur Welt kamen, verdienten später mehr als ihre Eltern.[131] Für diejenigen, die wie ich nach dem Jahr 1980 geboren wurden, gilt das nicht mehr so stark. Nur jedem Zweiten aus dieser Gruppe gelingt es laut Studien, das Einkommen der eigenen Eltern zu übertreffen. Und das, obwohl das Volkseinkommen seit dem Jahr 1980 um mehr als die Hälfte gewachsen ist. Das Problem: Das Geld ist immer ungleicher verteilt. Es versammelt sich bei denen, die ohnehin schon viel davon haben. Studien zeigen, dass es in den vergangenen Jahrzehnten schwerer geworden ist, sozial aufzusteigen. Die sogenannte soziale Mobilität hat abgenommen – vor allem für junge Menschen. Während in den Achtziger- und Neunzigerjahren noch 71 Prozent der damaligen 30- bis 39-Jährigen den Aufstieg in die Mittelschicht geschafft haben, erreichen das heute nur noch 61 Prozent der Altersgruppe.[132] Kurz gesagt: Die Babyboomer konnten leichter aufsteigen als die Millennials.

Und um eines schon mal vorwegzunehmen: Ja, es gibt Statistiken, die zeigen, dass Menschen heute mehr verdienen als noch vor 20 oder 30 Jahren. Das ist auch richtig, jedoch wenig relevant. Zwar verdienen Menschen heute etwas mehr Geld als die Generationen davor, doch die gestiegenen Lebenshaltungskosten und die Inflation sorgen letztendlich dafür, dass junge Menschen heute weniger Wohlstand haben als ihre Eltern. Im Jahr 2022 lag die Inflation in Deutschland bei fast sieben Prozent und damit so hoch wie seit den 1970er-Jahren nicht mehr.[133] Vor allem die Preise für Energie und Lebensmittel sind um jeweils mehr als 20 Prozent gestiegen.[134] Der sogenannte Reallohn, also das, was dem Menschen wirklich zum Leben bleibt, ist in den vergangenen Jahren gesunken.[135] Die Folge: 80 Prozent der Geringverdiener und 50 Prozent der Mittelschicht können nicht mehr sparen, sondern leben nur von dem, was sie monatlich einnehmen.[136] Und zwar, weil sie immer mehr davon ausgeben müssen.

Wenn ich mehr verdiene, mir davon aber weniger leisten kann, bringt mir das höhere Gehalt wenig. Denn in den vergangenen Jahrzehnten sind nicht nur die Miet- und Kaufpreise explodiert (in manchen Großstädten haben sich die Kauf- und Mietpreise in nur zehn Jahren mehr als verdoppelt).[137] Auch alles andere ist teurer geworden, nicht zuletzt durch die Inflation. In den USA hat das sogar dazu geführt, dass Babyboomer umgerechnet heute zehnmal so reich sind wie die jüngere Generation.[138] Der Wohlstand ist also ungleich verteilt, und es ist für junge Menschen immer schwieriger, einen Teil davon abzubekommen. Für meine Generation fühlt sich die Welt teilweise wie ein großes Monopoly-Spiel an, in dem die meisten Straßen schon jemandem gehören, die Häuser und Hotels nicht finanzierbar sind, überall hohe Ausgaben drohen und nur ganz wenige über Los gehen dürfen.

Für meine Generation fühlt sich die Welt wie ein unfaires Monopoly-Spiel an.

Es ist schwer geworden, sozial aufzusteigen und damit das zu erleben, was viele unserer Eltern noch geschafft haben: einen Lebensstandard zu erreichen, der für sie einst undenkbar war. Wir reden hier vom Handwerker, der sich mit seiner Firma selbstständig gemacht hat – und der heute 15 Angestellte hat. Oder von der Frau, die in den 1990ern ein Fitnessstudio eröffnet hat und heute zwanzig davon besitzt. Genauso wie vom Sohn eines Arbeitslosen, der heute als Arzt arbeitet und das Vielfache seines Vaters monatlich zur Verfügung hat. Oder auch von Frauen wie meiner Mutter, die in bescheidenen Verhältnissen aufgewachsen sind und heute zur Mittelschicht gehören und sich Wohlstand erarbeiten konnten. All das ist für viele junge Menschen unmöglich geworden.

Die Journalistinnen Julia Friedrichs und Caroline Rollinger haben in ihrer sehenswerten Fernsehdokumentation »Wir waren mal Mittelschicht« solche Menschen begleitet:[139] eine alleinerziehende Supermarktverkäuferin, eine Postbotin und eine Integrationslehrerin. Berufe, mit denen man früher zur Mittelschicht zählte, die anerkannt und respektiert waren und heute gerade einmal so zum Leben reichen. Ilona, die Postbotin aus Bremen, liebt ihren Job. Auch ihr Vater war Briefträger und damit ein ordentlich bezahlter Angestellter mit Festanstellung. Sein Gehalt war gut genug, um eine ganze Familie zu ernähren. Das Gehalt seiner Tochter reicht heute gerade mal, um selbst zu überleben. Ilona arbeitet bei einem privaten Postdienstleister und erhält nicht mehr als den Mindestlohn. Sie arbeitet Vollzeit und ist trotzdem armutsgefährdet. 1500 Euro netto hat sie am Ende des Monats übrig. Ähnlich ergeht es Berna, die als Verkäuferin arbeitet und sich sorgt, ob sie ihrem Sohn ein Leben bieten kann, das wenigstens ihm zum sozialen Aufstieg verhilft. Sie muss bei allem sparen, ob beim Essen, Hobbys oder sich selbst, um ihrem Sohn irgendetwas ermöglichen zu können. Auch die Integrationslehrerin Claudia überlegt in der Fernsehdokumentation, ob sie ihren wichtigen Job, Geflüchteten die deutsche Sprache beizubringen, aufgeben sollte. Denn sie ist nur auf Honorarbasis angestellt, muss ihre Sozialabgaben selbst bezahlen und hat in den Ferien der Volkshochschule keine Arbeit und damit keine Einnahmen. Mit durchschnittlich etwas mehr als 1000 Euro netto muss sie im Monat zurechtkommen. Allein diese Dokumentation zeigt, wie viele Menschen es heute nicht besser haben als ihre Eltern. Und wie viele vom sozialen Aufstieg träumen, ihn aber wahrscheinlich niemals erreichen werden.

*

Francis Seeck fordert auch deshalb, dass man nicht mehr von sozialen Schichten, sondern von Klassen sprechen sollte.[140] Seeck ist selbst einst in Hartz IV aufgewachsen und forscht heute an der Humboldt-Universität in Berlin zu sozialer Ungleichheit. Anfang 2022 konnte ich mich mit Seeck unterhalten und lernen: »Der Begriff Schicht deutet an, dass Aufstieg möglich ist und wir eine durchlässige Form der Gesellschaft haben. Doch das ist nicht so.« Vielmehr solle man erneut von Klassen sprechen, in die man hineingeboren und in denen man wahrscheinlich für immer bleiben oder absteigen wird. Zwar von anderen Klassen als nur vom Proletariat und den Kapitalisten, sondern von der Armutsklasse, zu denen vorwiegend Obdach- oder Arbeitslose zählen, sowie von der Arbeiterklasse, die alle umfasst, die wenig verdienen und nicht studiert haben. Genauso wie wir statt von der Mittel- und Oberschicht von der mittleren und oberen Klasse sprechen sollten. Denn die Unterschiede sind groß, auch wenn diese oft nicht so erlebt werden, weil sich viele Menschen fälschlicherweise zur Mittelschicht zählen, aber gar nicht dazugehören. Vor allem Aufstieg ist für sie unmöglich geworden.

Sozialer Aufstieg ist kaum noch möglich.

Die Zahlen geben Seeck recht: Von 100 Kindern, deren Eltern keinen Hochschulabschluss haben, beginnen heutzutage nur 27 ein Studium, 11 schaffen später den Master, gerade einmal zwei promovieren.[141] Von denjenigen, die aus einem Akademikerhaushalt stammen, studieren hingegen 79 Kinder, 43 erlangen einen Master und sechs promovieren. Das zeigt: Noch immer entscheidet die soziale Herkunft, ob jemand studiert und welchen Beruf er danach ausübt – und damit auch darüber, was jemand später verdient. Aufstieg durch Bildung ist seltener geworden – vor allem hierzulande. Nach Ansicht des Weltwirtschaftsforums bietet Deutschland im Vergleich zu vielen anderen Staaten zu wenige soziale Aufstiegschancen. Schuld sind ein dreigliedriges Schulsystem, das Kinder zu früh aussortiert, und eine wachsende soziale Ungleichheit, die dazu führt, dass die Startbedingungen von jungen Menschen völlig unterschiedlich sind.

*

Zu denken, dass wir in einer Leistungsgesellschaft leben, in der mit genug Fleiß jeder alles erreichen kann, ist trügerisch. Denn das ist nicht mehr als ein Mythos. Einer, an den frühere Generationen glaubten, was wiederum ihre Identität und Sicht auf Arbeit geprägt hat. Auch meine Mutter war viele Jahre der Meinung, dass aufsteigt, wer nur hart arbeitet. Das mag für viele ihrer Generation gegolten haben, schließlich hat sie es ja selbst geschafft. Aber die Zeiten sind vorbei. Der typische American Dream, vom Tellerwäscher zum Millionär, ist für junge Menschen heutzutage nur noch ein Hollywooddrehbuch.

Nicht umsonst gibt es mittlerweile in der Politik Forderungen, dieser Chancenlosigkeit entgegenzuwirken. Carsten Schneider, der Ost-Beauftragte der Bundesregierung, forderte im Jahr 2022, ein sogenanntes Grunderbe einzuführen.[142] Sinnvoll wäre es laut ihm, wenn jeder junge Mensch zu seinem 18. Geburtstag 20000 Euro überwiesen bekommen würde – und zwar vom Staat, also von der Allgemeinheit. Schneider begründete seine Idee damit, dass er »die Startchancen ins Berufsleben etwas gerechter gestalten« möchte. Die Vermögensungleichheit in Deutschland sei groß, viele würden gar nichts erben. »Leistungsträger sind die, die sich selbst hochgearbeitet haben. Und beim Hocharbeiten will ich helfen«, sagte Schneider. Auch Marcel Fratzscher, der Präsident des Deutschen Instituts für Wirtschaftsforschung, unterstützt diese Idee und nennt sie »Chancenerbe«.[143] Er argumentiert mit der Generationengerechtigkeit und damit, dass die Mehrheit der Bevölkerung keine wirkliche Startchance habe und es immer schwerer werde, sich mit den eigenen Händen eine Lebensgrundlage aufzubauen.

Auch mir hätte ein solches Grunderbe sicher geholfen. Ich hätte keine Hotelfrühstücke aufbauen müssen und mich voll auf mein Studium konzentrieren können. Wahrscheinlich hätte ich dann doch ein Auslandssemester eingelegt oder wäre nach dem Abitur erst mal verreist. Vielleicht hätte ich das Geld auch in Aktien oder Bitcoins angelegt oder in eine Geschäftsidee investiert und wäre heute wohlhabender. Andere junge Menschen könnten das Grunderbe sicher noch besser gebrauchen, vor allem diejenigen, die nicht aus der Mittelschicht stammen, sondern schon zum Start ihres Berufslebens Entscheidungen nur deshalb treffen, weil ihnen das Geld fehlt. Junge Menschen, die nicht in die Großstadt ziehen, kein Studium beginnen oder dann doch das sichere Fach studieren statt jenes, das sie wirklich begeistert. Menschen, die dann später in Jobs landen, die sie nur machen, um Geld zu verdienen, und ihre eigentliche Leidenschaft verdrängen.

Nicht nur Aufstieg durch Bildung, auch Aufstieg durch Arbeit ist heute kaum noch möglich – und wird immer unrealistischer. In keinem anderen vergleichbaren Industrieland ist die Mittelschicht in den vergangenen 25 Jahren so stark geschrumpft wie in Deutschland. Das zeigt eine Studie der

Organisation für wirtschaftliche Zusammenarbeit und Entwicklung und der Bertelsmann Stiftung.[144] Obwohl die deutsche Wirtschaft in den Jahren nach der Finanzkrise von 2008 einen Boom erlebte, leben heute deutlich mehr Menschen in Altersarmut. Denn gleichzeitig wurde ein Niedriglohnsektor geschaffen, in dem auch derzeit noch viele arbeiten oder lange gearbeitet haben. Obwohl die Arbeitslosigkeit nun deutlich geringer als noch vor 20 Jahren ist, leben deshalb immer noch viele Menschen am Existenzminimum. Vor allem die untere Mittelschicht schrumpft, während die Gruppe der Spitzenverdiener wächst.

In keinem vergleichbaren Land ist die Mittelschicht so stark geschrumpft wie in Deutschland.

*

Und diejenigen, die es entgegen dem Trend doch schaffen, sozial aufzusteigen, erleben oft Klassismus.[145] Und zwar häufiger und stärker, je weniger Menschen gemeinsam aufsteigen. Wir reden hier von Menschen, die zwar studiert haben und in Führungspositionen gekommen sind, aber nie wirklich dazugehören. Schon unsere Sprache ist davon durchzogen, wenn wir von den »einfachen Leuten«, den »sozial Schwachen« oder den »bildungsfernen Haushalten« sprechen, die in schlimmen »Brennpunkten« leben. Schon in den Worten, die viele nutzen, stecken Abwertungen.

Verstärkt wird das dadurch, dass Akademikerkinder einen bürgerlichen Habitus pflegen, den andere nie erreichen. Das beginnt schon mit der Gelassenheit, die sie empfinden, weil sie sich keine Sorgen darüber machen müssen, einen Job zu finden oder arbeiten zu müssen, um Geld zu verdienen. Sie wissen oft, dass sie etwas erben werden, vielleicht besitzen sie sogar schon Eigentum. Sie leisten sich Statussymbole, mit denen sie sich abgrenzen: vom vollen Bücherregal bis hin zur Altbauwohnung mit Stuck im Szenekiez. Kinder aus Akademikerfamilien wachsen mit einem Habitus auf, der ihnen immer wieder im Leben hilft. Insbesondere dann, wenn es darum geht, sich mit seinesgleichen zu verbinden – meistens in den Chefetagen von Firmen. Da geht es dann darum, dass man gewisse Bücher von Nietzsche und Kant zitieren kann, Opern von Puccini und Wagner in den ersten Minuten erkennt und weiß, was beim Golfen einen Driver von einem Slice unterscheidet. Da die meisten Vorgesetzten aus der Klasse stammen, die das tut, befördern sie auch eher diejenigen, die ihnen ähnlich sind. Auch wenn offiziell alle auf Diversität achten und Aufsteiger fördern wollen, greifen oft die alten Mechanismen.

Viele andere, die trotz dieser Widerstände sozial aufsteigen, fühlen sich ein Leben lang wie Hochstapler. Sie leiden am sogenannten Imposter-Syndrom und glauben trotz ihres Könnens nicht an ihre eigene Kompetenz.[146] Bei ihnen überwiegt das Gefühl, nicht gut genug zu sein, ständig und jederzeit auffliegen zu können und nicht wirklich dazuzugehören. Eben weil ihnen der entsprechende Habitus und das fast schon natürliche Selbstbewusstsein von Akademikerkindern fehlt.

So geht es auch Janina, einer Informatikerin, die meine Kolleginnen im Jahr 2021 interviewten.[147] Als Janina ihre Bachelorarbeit mit 1,0 abschloss, freute sie sich kurz. »Dann dachte ich, dass das nur ein Zufall sein kann und dass die Professoren nur einen guten Tag hatten, als sie meine Arbeit korrigierten«, sagt Janina. Bei Bewerbungen und neuen Jobs sei sie immer wieder zögerlich, weil sie Angst habe, den Erwartungen nicht zu entsprechen. Während eines Praktikums in den USA hatte sie permanent Angst, dass auffliegen würde, dass sie nicht so gut sei wie die anderen. Während ihres Masterstudiums wurde sie dann von einer Recruiterin von Google angeschrieben. »Sie hat mich zu einem Bewerbungsgespräch für die Softwareentwicklung in Europa eingeladen«, sagt Janina. Doch sie verschob das Angebot erst, sagte es dann sogar ab. »Das hat sich befreiend angefühlt, weil es mir die Möglichkeit gegeben hat, wieder Kontrolle über die Geschwindigkeit meiner Entwicklung zu bekommen«, sagt Janina. Der Druck, den sie auf sich ausgebaut habe, sei schlimmer gewesen als der Gedanke an die vertane Chance.

Das Hochstaplerphänomen kommt laut Studien häufiger bei Frauen, People of Color und Angehörigen von Minderheiten vor. Auch soziale Aufsteigerinnen und Aufsteiger empfinden das Gefühl, wenn sie in Kontakt mit einer anderen sozialen Klasse kommen. Sie brechen Studiengänge ab, schlagen lukrative Jobangebote aus oder sind permanent unzufrieden, weil sie das Gefühl haben, nicht dazuzugehören oder zu Unrecht an ihrem Platz zu sein.

Auch ökonomisch sind soziale Aufsteigerinnen und Aufsteiger schlechter gestellt, wie eine Studie aus Großbritannien aus dem vergangenen Jahr offenlegte. Demnach gibt es analog zum Gender-Pay-Gap auch einen Class-Pay-Gap. Der besteht darin, dass Arbeiterkinder für dieselbe Arbeit deutlich weniger als Akademikerkinder verdienen. Die Differenz liegt bei 13 Prozent, sodass Menschen aus der Arbeiterschicht im Jahr durchschnittlich 6718 Pfund weniger verdienen als ihre Kolleginnen und Kollegen, die aus einer höheren Klasse stammen.[148] Und das, wohlgemerkt, für dieselben Tätigkeiten im selben Unternehmen mit derselben Berufserfahrung und Qualifikation. Das liegt vor allem daran, dass Aufsteigerinnen und Aufsteiger im Arbeitsleben weniger selbstbewusst auftreten, oft keine Vorbilder oder Netzwerke haben und letztendlich schlechter darin sind, ihre Gehälter oder Beförderungen zu verhandeln. In der Folge sind die Vorstandsetagen der größten Unternehmen ziemlich heterogen: meistens weiß, alt und aus einem wohlhabenden Elternhaus, mindestens akademisch geprägt.

*

Keine Generation zuvor hat das so reflektiert und kritisiert wie die heutigen Jungen. Die Generation Anspruch ist sich bewusst, wie schwierig es werden wird, sozial aufzusteigen oder zumindest den Wohlstand der eigenen Eltern zu halten. So, wie es jetzt läuft, starten viele junge Menschen ohne jegliches Startkapital und erahnen bereits, dass sie wahrscheinlich selbst kein nennenswertes Kapital aufbauen werden. Meiner Generation ist das längst bewusst – und das nicht nur, weil wir erst während der Finanz- und Eurokrise, dann in einer weltweiten Pandemie und während eines Kriegs in Europa gelebt haben. Wir sehen, wie Zinsen explodieren, Preise steigen und die wirtschaftlichen Aussichten dank der Demografie und des Fachkräftemangels nicht gerade rosig sind. Mit mehr Wohlstand rechnet niemand, eher damit, dass die Mittelschicht weiter schrumpft, während die soziale Ungleichheit kontinuierlich wächst. Wir leben in einer Gesellschaft, in der Aufstieg durch Bildung und Arbeit schwerer geworden ist und diejenigen, die es trotzdem schaffen, oft diskriminiert werden.

In meiner Generation rechnet niemand mit mehr Wohlstand durch Arbeit.

Vielleicht glauben noch ein paar Babyboomer daran, dass Arbeit zu Aufstieg führt und wohlhabend macht. Und es gibt sicherlich Unternehmen und Wirtschaftsverbände, die ein Interesse daran haben, diesen Gedanken so lange wie möglich am Leben zu lassen. Damit junge Menschen unbezahlte Praktika akzeptieren und Studiengebühren für Privatuniversitäten bezahlen – alles in der Hoffnung, einmal wohlhabend zu werden. Doch das ist Unsinn. Für die meisten gilt: viel Arbeit, wenig Geld. Meine Generation fragt sich schon lange, ob es sich lohnt, ein Leben lang zu viel zu arbeiten, um sich dann die Eigentumswohnung in der Stadt oder das Haus auf dem Land trotzdem nicht leisten zu können. Reichtum, Wohlstand und ein früher Ruhestand wirken für viele unerreichbar.

Die Ideologie, mit Arbeit alles erreichen zu können, läuft in meiner Generation fast ins Leere. Laut einer repräsentativen Umfrage sind 69 Prozent der 18- bis 34-Jährigen der Meinung, dass die Generation ihrer Eltern es leichter hatte, Wohlstand aufzubauen, als sie selbst. Gleichzeitig fürchten 75 Prozent der jungen Menschen, dass sie das Wohlstandsniveau ihrer Eltern selbst nicht erreichen werden.[149] Auch deshalb steigen schon viele Berufsanfänger und Studierende aus dem ewigen Hamsterrad aus. Sich zu überarbeiten, um dann trotzdem nicht reich zu werden? Das lohnt sich nicht.

Uns allen ist bewusst: Wer reich werden will, muss erben. Ein Großteil des Privatvermögens in Deutschland ist nicht durch Einkommen, sondern durch eine oder mehrere Erbschaften entstanden. Laut einer Studie der Hans-Böckler-Stiftung werden die heute über 70-Jährigen in den nächsten Jahren etwa 1,3 Billionen Euro vererben.[150] Und das höchst unterschiedlich verteilt: Menschen aus dem unteren Einkommensfünftel vererben laut der Berechnung im Mittel 12 000 Euro, die besonders Wohlhabenden hingegen 248 300 Euro.[151] Und in der Regel gilt: Wer viel erbt, hatte davor schon viel. Studien des Deutschen Instituts für Wirtschaftsforschung zeigen, dass Erbschaften die soziale Ungleichheit und die Unterschiede verschärfen, weil von ihnen vorwiegend diejenigen profitieren, die bereits privilegiert sind.[152] In Deutschland leben laut der »Forbes«-Liste von 2023 ungefähr 107 Milliardäre und 2,7 Millionen Millionäre.[153] Doch nur die wenigsten haben sich dorthin gearbeitet. Sie leiten oft Unternehmen, die bereits ihren Eltern gehörten, oder haben Häuser, Wohnungen oder Aktienfonds geerbt. Ihr Vermögen beruht auf der Arbeit anderer, nicht auf ihrer eigenen.

Wer reich werden will, muss erben.

Alle anderen, die Monat für Monat hart arbeiten, geraten gar nicht erst in diese Sphären. Ja, sie können ihr Einkommen über die Jahre erhöhen, vielleicht auch sozial oder beruflich aufsteigen und Führungskraft werden, aber an ein nennenswert höheres Vermögen kommen diese Menschen in der Regel nicht heran – auch wenn immer wieder versucht wird, ihnen das einzureden. Ich konnte mich selbst davon überzeugen, als ich im Sommer 2022 für eine Recherche eine Messehalle in Wiesbaden betrat.[154] 1500 Menschen aus dem ganzen Land füllten die Halle. BWL-Studierende im Anzug, mittelalte Sparkassenangestellte und Selbstständige im Sakko. Sie alle hatten 54,62 Euro für ein Ticket gezahlt, um von Jürgen Höller, dem selbsternannten bekanntesten Motivationstrainer Deutschlands, zu lernen, wie man reich und erfolgreich und dadurch wiederum glücklich wird.

Vor all diesen erwartungsvollen Menschen betritt Höller die Bühne. Schweiß glänzt auf seiner Oberlippe, hinter ihm explodieren Leuchtfontänen, Kameras sind auf ihn gerichtet. Er trägt ein schwarzes Poloshirt, das eng anliegt und seine Muskeln betont, die silberne Uhr an seinem Arm reflektiert das Scheinwerferlicht. Das Publikum gröhlt, als Höller kurz danach »Fehler« auf ein Flipchart schreibt und sagt: »Wisst ihr, was in diesem Wort steckt?« Er streicht die einzelnen Buchstaben durch und notiert in Rot »Helfer« auf dem Poster. »Jeder Fehler kann ein Helfer sein«, sagt Höller. Er habe aus seinen Entscheidungen gelernt, also könne das jeder. Er habe es zurück nach ganz oben geschafft, raus aus der Zelle, runter von den 6,6 Millionen Euro Schulden. Und das zeige: »Jeder kann scheitern und daraus gescheiter hervorgehen!« Damals, auf wenigen Quadratmetern im Gefängnis, habe er »einen Schalter umgelegt«. Heute wolle er allen zeigen, wie man das erreicht. Zuschauer klatschen, springen von den Sitzen, wollen mehr davon. Kurz danach erklärt Höller seine »Formel für Lebenserfolg«: (AF+EF) x (2M+2E). Das stehe für angeborene Fähigkeiten (AF) plus erworbene Fähigkeiten (EF), die man mit dem richtigen Mindset (M) und der entsprechenden Motivation (M) sowie Energie (E) und Einsatz (E) multiplizieren müsse. Und schon sei man unter denen, die Millionen machen.

Immer wieder spricht Höller von seinen Idolen: Steve Jobs, Elon Musk und Jeff Bezos. Aber auch von Nelson Mandela und Arnold Schwarzenegger. Sie alle seien Adler und keine Hühner. »Jeder von euch kann ein Adler sein«, sagt Höller, bevor seine Frau auf der Bühne eine Ballade namens *Never give up* singt. Bei seinen Veranstaltungen duzt Höller das Publikum, redet so, als spräche er jeden Einzelnen direkt an: »Nichts ändert sich, außer du änderst dich.« Alle Menschen müssten Querdenker sein, sagt Höller und lacht. Den Begriff dürfe man ja nicht mehr verwenden. »Sagen wir: Andersdenkende sein!« Denn nur wer anders als 95 Prozent der Gesellschaft handele, könne erfolgreich sein. Auf der Bühne erzählt Höller, wie er als Schüler gemobbt wurde und als junger Mann keine Frauen ansprechen konnte. Und er berichtet davon, wie sich sein Leben verändert habe, als er anfing, an sich zu glauben. Erst nahm er kurz nach seiner Ausbildung zum Speditionskaufmann einen Kredit auf, um ein Fitnessstudio in Schweinfurt zu kaufen, es kamen ein Sonnenstudio und eine Diskothek hinzu. Höller ging pleite, er habe 960 000 Mark Schulden gehabt, sagt er. Aufgegeben habe er nie. Danach sei er mit einer Fitnesskette reich geworden. »Jede Krise ist eine Chance, wenn wir sie nutzen«, sagt Höller. Eine Lektion, die ihn auch die Zeit im Gefängnis später lehrte. Damals habe er wieder lernen müssen, dass man aus allen Steinen im Weg etwas Schönes bauen könne, sagt er. Und er ergänzt: »Albert Einstein hat Schwachsinn so definiert: immer wieder das Gleiche zu tun und andere Ergebnisse zu erwarten.« Wer also wirklich etwas erreichen wolle, müsse sich ändern, das sei alles eine Frage der richtigen Einstellung.

Wie viele Motivationsredner wie Höller es tatsächlich in Deutschland gibt, ist schwer zu sagen. Denn jeder darf sich Coach oder Coachin nennen. Es gibt keine Standards für den Beruf, keine Regeln, keine reguläre Ausbildung. Der Deutsche Berufsverband Coaching schätzt die Zahl der in Deutschland praktizierenden Coaches auf rund 13000. Was alle vereint: Für sie ist Erfolg nur eine Frage des Mindsets. So als könne man alles schaffen, wenn man nur daran glaubt. Das mag bei Babyboomern funktionieren, die noch an den sozialen Aufstieg glauben, weil sie ihn teilweise in der Vergangenheit auch erleben durften. Aber in meiner Generation verfängt dieser Gedanke nicht mehr.

*

Hinzu kommt, dass viele junge Menschen heute völlig andere Vorstellungen davon haben, was Reichtum überhaupt bedeutet. Einerseits, weil materieller Wohlstand für viele junge Menschen kaum erreichbar ist, andererseits aber auch, weil er für viele gar nicht mehr erstrebenswert ist. Die junge Generation hat nicht nur hohe Ansprüche an Arbeit, sondern an ihr gesamtes Leben. Wir arbeiten nicht mehr nur, um etwas ausgeben zu können. Das dicke Auto, der Pauschalurlaub mit Businessclassflug oder die teure Uhr ist für viele von uns kein Ansporn mehr. Die antreibende Karotte vor unserer Nase besteht nicht mehr zwangsläufig aus teuren Produkten.

Für die junge Generation bedeutet Reichtum etwas völlig anderes.

Zumindest nicht unter den Umständen, wenn man dafür ständig Überstunden machen und einen Großteil seines Lebens aufgeben muss. Die Karotte vor der Nase meiner Generation ist das gute Leben, auf das wir alle hoffen. Und dazu braucht es für einige junge Menschen auch nicht unbedingt eine Karriere.

Nadia Shehadeh ist einer dieser jungen Menschen. Die Soziologin berät in Bielefeld Jugendliche bei der Berufsplanung – und bezeichnet sich selbst als Anti-Girlboss.[155] Als Teil einer Bewegung junger Frauen, die sich bewusst gegen die Karriere entscheiden – und zwar nicht wegen ihrer Kinder, sondern weil sie sozusagen den Kapitalismus vom Sofa aus bekämpfen wollen. Der Begriff »Girlboss« wurde 2014 von der US-amerikanischen Unternehmerin Sophia Amoruso geprägt und beschreibt Frauen, die sich nach oben arbeiten. Die sich mit genug Ehrgeiz in der männerdominierten Wirtschaft oder Politik durchsetzen und ein karriereorientiertes Leben führen, um dafür zu sorgen, dass mehr Frauen wohlhabend und erfolgreich werden. Amoruso versteht es als feministisch, sich hochzuarbeiten, quasi als Gegenmodell zur Hausfrau auf dem Land oder der Latte-macchiato-Mutter aus dem Prenzlauer Berg. So wie sie zelebrieren viele junge Frauen ihre Karriere – ob im Jobportal LinkedIn oder auf Instagram.

Nur Nadia Shehadeh kann damit nichts anfangen. In ihrem Buch beschreibt sie ihr eigenes Leben als Gegenentwurf, als Anti-Girlboss: »Ich gehe zur Arbeit, weil ich muss. Ich mache Feierabend, sobald ich kann.« Statt eines stressigen Lebens auf der Überholspur will Shehadeh keine Ambition mehr zeigen, nicht mehr sozial aufsteigen, sondern zeigt sich mit ihrem Leben im Durchschnitt zufrieden. Als ich sie im vergangenen Jahr nach ihrem perfekten Tag fragte, antwortete sie mir: »Keine Termine und keine Verpflichtungen.«[156] Shehadeh findet, dass Prokrastination zu Unrecht einen schlechten Ruf habe, und zelebriert es, stundenlang Serien zu schauen, mit dem Smartphone in sozialen Netzwerken zu hängen oder mal die Wand anzustarren. Sie hat einen Job, zahlt ihre Rechnungen und Steuern, aber will sich nicht mehr optimieren und schon gar nicht Karriere machen. Vor allem, weil sie erkannt hat, dass Arbeit nicht zu Aufstieg führt und sie auch glücklich ist, ohne eine Karriere anzustreben. Vor allem Frauen würde man eintrichtern, dass sie sich mit individuellem Ehrgeiz aus ungerechten Strukturen befreien könnten, sagt Shehadeh. Doch das sei kollektiver Selbstbetrug, der Chancengleichheit vortäusche und zu immer mehr bezahlter und unbezahlter Arbeit führe.

In ihrem Buch argumentiert sie sogar, dass es eine feministische Ode an die Faulheit brauche, damit auch Frauen mal das Recht hätten, nichts Besonderes leisten zu müssen. Ihr Lebensmotto: »keine Kinder und keine Karriere«. Shehadeh kann es sich auch leisten, auf Ehrgeiz zu verzichten. Sie hat einen Job, verdient gut, kann das durchschnittliche Leben ohne anstrengenden Hustle-Job führen. Shehadeh ist radikal und damit sicher nicht repräsentativ für die Generation Anspruch. Ja, es gibt junge Menschen wie sie, die keine Ansprüche verfolgen, sondern auch mit einem »langweiligen Job im langweiligen Bielefeld« zufrieden sind. Viele streben keine Karriere an. Nur darf man daraus keinen falschen Schluss ziehen: Keine Karriere machen zu wollen heißt nicht, dass man faul ist. Seine Arbeit gut zu machen und sich nicht zu überfordern hat nichts damit zu tun, arbeitsscheu zu sein. Im Gegenteil. Es gibt viele Menschen, die ihren Job machen, zufrieden damit sind und ein gutes Leben führen wollen. Wenn diese Menschen nun alle plötzlich Karrieren anstreben würden, hätten wir ein Problem. Dann würden zu viele um zu wenige verfügbare Positionen streiten und konkurrieren. Shehadeh hält es deshalb für gesellschaftlich gesund, dass es auch Menschen wie sie gibt, die sich im durchschnittlichen Arbeitsleben rundum wohlfühlen.

Auch die Daten der Jugendstudie 2023 zeigen, dass junge Menschen nicht weniger leistungsbereit sind als ältere.[157] Sie haben nur andere Vorstellungen davon, was Aufstieg und gute Arbeit bedeuten. Ein junger Mensch, der früher in ein Unternehmen kam, musste vieles akzeptieren. Den cholerischen Chef, die pedante Vorgesetzte, Überstunden, ein schwieriges

Arbeitsklima und oft auch schlechte Bezahlung. Nicht nur die Vorgesetzten, sondern auch die eigenen Eltern vertraten damals oft die Haltung: Da musst du dich jetzt durchbeißen. Lehrjahre sind keine Herrenjahre. Doch das ist vorbei. Die Generation Anspruch will ein Zusammenarbeiten auf Augenhöhe, auch weil sie selbst weniger autoritär erzogen wurde als noch ihre Eltern und Großeltern. Sie sind groß geworden mit der Gewissheit, mitbestimmen zu können, und damit, dass ihre Meinung etwas zählt. Deshalb wollen sie auch in ihren Jobs mitbestimmen, Verantwortung übernehmen und Dinge gestalten – darauf wurden sie schließlich gut vorbereitet.

Die Generation Anspruch will ein Zusammenarbeiten auf Augenhöhe.

Ja, es gibt auch junge Menschen, die durchaus Karrieren anstreben – aber eben anders als vorherige Generationen. Umfragen zeigen, dass das Wort »Karriere« unter jungen Leuten sogar häufiger positive Gefühle auslöst als bei älteren Menschen.[158] Mehr als die Hälfte der 18- bis 27-Jährigen sagt, dass sie bereit dazu wären, mehr zu leisten, um Führungskraft oder auf anderen Wegen beruflich erfolgreicher zu werden. Unter den 43- bis 60-Jährigen sind nur 22 Prozent der Karriere gegenüber positiv gestimmt. Das könnte auch darauf hindeuten, wie unterschiedlich junge und ältere Menschen Karriere definieren. Die Generation Anspruch, zu der ich mich zähle, will aufsteigen und etwas im Job bewegen. Sie will sich beruflich entwickeln und hat Lust, sich in der Arbeit einzubringen. Doch anders als frühere Generationen. Wir wollen Verantwortung übernehmen, aber dann auch gerecht entlohnt werden. Wir wollen Teams führen, aber auch in Teilzeit arbeiten können. Meine Generation will sich beruflich einbringen, und das, ohne einen Burn-out zu erleiden. Die Führungskräfte der Zukunft wird es geben, nur werden sie anders führen und arbeiten als vorherige Chefinnen und Chefs. Und das ist gut so.

Kapitel 6

Arbeitslosigkeit macht keine Angst

Vor zwei Jahren saß ich in der Küche eines Mannes, der zwar einen Doktortitel hatte, aber noch nie einen richtigen Job.[159] Michael Winkler war zu diesem Zeitpunkt 46 Jahre alt, lebte in Dresden und war das, was man einen Langzeitarbeitslosen nennt. Man muss sich das einmal vor Augen halten: Als Gerhard Schröder Hartz IV einführte, war Michael Winkler arbeitslos. Danach wurde ein Deutscher Papst und Angela Merkel Bundeskanzlerin. In Fukushima explodierte ein Reaktor, in Syrien kam es zum Krieg, Deutschland wurde Fußballweltmeister. Später verließ England die Europäische Union, Covid-19 brach aus, und Angela Merkel trat ab. Und Michael Winkler war noch immer arbeitslos.

Winkler hatte noch nie einen Job, von dem er hätte leben können. Nun könnte man das als Widerstand deuten, so als sei Winkler ein Systemsprenger, einer wie der im vergangenen Jahr verstorbene Arbeitslosenaktivist Arno Dübel. Jemand, der aus Protest nicht arbeitet, ein bedingungsloses Grundeinkommen fordert oder nicht arbeitet, um den Kapitalismus zu kritisieren. Aber nein, Winkler ist alles andere als das. »Ich bin in gewisser Weise gescheitert«, sagte er. Er wollte ja, aber es sei nie gegangen. Er hätte ja, aber es sei immer etwas dazwischengekommen. Winkler ist nicht sozial abgestiegen, Winkler ist auch nie aufgestiegen, er ist eher stehen geblieben. Er wuchs in

Karl-Marx-Stadt, heute Chemnitz, auf. Dort ging er zur Schule, arbeitete in den Ferien in einer Fabrik, um sich den Führerschein zu finanzieren. Winkler war begabt, vor allem in Mathe, und sein Abitur fiel nur deshalb nicht noch besser aus, weil er in der mündlichen Prüfung fast kein Wort herausbekam. Winkler stottert. Wenn er nervös ist und spricht, wirkt es, als würde er einen Moment lang kurz die Kontrolle verlieren. Er studierte Kartografie, ging auf internationale Konferenzen, arbeitete an einem großen Atlas mit. Doch er verliebte sich in Details, erhielt erst sieben Jahre nach Studienanfang sein Diplom – und nahm es später mit ins Jobcenter. An der Universität hatte sich keine Stelle ergeben, auch auf den Konferenzen fand er kein Projekt, in das er hätte einsteigen können. Er meldete sich arbeitslos und blieb es.

Als Akademiker in Armut erfüllt Winkler wenige Klischees, die es gegenüber Arbeitslosen gibt. Nur ein verschwindend geringer Teil der Langzeitarbeitslosen hat einen Hochschulabschluss. Trotzdem kamen bei meinem Besuch in Dresden Fragen auf, die auch für alle anderen Arbeitslosen gelten: Muss jemand arbeiten, wenn er vom Staat, also von uns allen, jeden Monat Geld erhält? Oder ist es sein gutes Recht, keine Stelle anzunehmen, die nicht zu ihm passt? Arbeitslose werden oft als »sozial schwach« bezeichnet, so, als hätte ihre Nichtarbeit etwas mit sozialer Inkompetenz oder Schwäche zu tun. Langzeitarbeitslose gelten als besonders schwach, als sogenannte Härtefälle. Wer lange nicht arbeitet, gilt als faul, unmotiviert und unsolidarisch. Schon normalen Arbeitslosen gegenüber gibt es zahlreiche Vorurteile, doch Langzeitarbeitslose werden von unserer Gesellschaft besonders kritisch betrachtet. In den meisten Fällen als Sozialschmarotzer, die es zu verachten gilt.

Muss jemand arbeiten, wenn er vom Staat jeden Monat Geld erhält?

In Dresden aber bin ich einem Mann begegnet, der ganz anders war als das, was Menschen von außen in ihn hineinprojizieren würden. Auf dem Weg zu einem Termin in der Stadt erzählte er, dass er in einer Bibliothek vier Jahre lang ehrenamtlich Geflüchteten Deutsch beigebracht habe. Als ich ihn besuchte, betreute er zudem zwei Seniorinnen, ging mit ihnen spazieren, einkaufen oder zum Arzt. Außerdem gab er einem syrischen Schüler Nachhilfe. Hin und wieder arbeitete er auch als Spielleiter bei einer Dresdner Bürogolffirma. Er verdiente sich damit etwas hinzu, auch wenn ihm ein Großteil davon von dem damals noch sogenannten Hartz IV abgezogen wurde. In einer Welt, in der Arbeit nicht mit Lohnarbeit gleichgesetzt würde, käme niemand auf die Idee, in Winkler einen Gescheiterten zu sehen. Er ist belesen, in seiner Wohnung stehen unzählige Bücher, auf dem Küchentisch liegt die aktuelle Ausgabe der Lokalzeitung. Er ist eloquent, trägt ein gebügeltes Hemd, besucht Ausstellungen und kauft meistens im Bioladen ein. Er sei Mitglied einer Genossenschaft und bekomme günstige Produkte – vor allem Gemüse und Obst mit Macken, sagte er. Kann man von einem wie Winkler erwarten, dass er irgendeinen Job annimmt, oder sollte man es akzeptieren, wenn er das nur zu seinen Bedingungen tut? Ich dachte noch lange nach meinem Treffen und dem Erscheinen meines Artikels über diese Fragen nach. Ich habe keine finale Antwort gefunden außer der, dass es wenig hilft, Menschen wie ihn unter Druck zu setzen.

Die Aktivistin Helena Steinhaus setzt sich für Erwerbslose ein und ist überzeugt, dass Sanktionen nichts bringen.[160] »Das Existenzminimum zu kürzen ist unmenschlich«, sagt sie. Und nach meiner Begegnung mit Michael Winkler würde ich ihr zustimmen. Das Existenzminimum, das sagt ja schon der Name, soll das Überleben sichern und darf nicht unterschritten werden. Ohnehin gibt es zahlreiche Studien, die zeigen, dass es den sogenannten Drehtüreffekt gibt: Menschen nehmen Jobs an, wenn sie Angst haben, dass ihnen die Sozialleistung gekürzt wird. »Sie brechen diese aber schnell wieder ab und sind erneut arbeitslos«, sagt Steinhaus. Sie findet, wir sollten niemanden bestrafen, wenn er ein Jobangebot ablehnt oder nicht zu Terminen erscheint, und ihn stattdessen richtig fördern: »Wir sollten allen Menschen ein Minimum garantieren, ohne dafür Bedingungen zu stellen, das ist eine Frage der Würde.«

Immer wieder gibt es diese Debatte, auch als das Bürgergeld in Deutschland eingeführt wurde und Hartz IV ersetzen sollte. Ich erinnere mich noch gut an CDU-Politiker wie Christian Linnemann, die eine »Jobpflicht« einführen wollten, damit auch ja niemand auf die Idee komme, im Bürgergeld zu verweilen und nicht zu arbeiten.[161] Oder Sachsens Ministerpräsident Michael Kretschmer, der empört auf die Bürgergeldidee reagierte und sagte: »Entschuldigung, aber das geht doch nicht.«[162] Parallel sprach Hendrik Wüst, Ministerpräsident von Nordrhein-Westfalen, davon, dass »Menschen sich anstrengen müssen, wenn sie Sozialleistungen bekommen«.[163] Und auch Bayerns Ministerpräsident Markus Söder warnte, Busfahrer, Friseurinnen und Polizisten würden künftig, »wenn sie arbeiten, weniger haben, als wenn sie nicht arbeiten«.[164] Abgesehen davon, dass dort mit falschen Rechnungen und Zahlen Politik gemacht wurde, offenbaren Aussagen wie diese, wie der Diskurs über Arbeitslosigkeit in Deutschland regelmäßig läuft.[165] Es geht immer um ein »Wir gegen die« und niemals um ein Miteinander.

*

Anders wird das in Kassel gelebt, was ich bei einem Besuch im Jobcenter der Stadt erleben konnte.[166] Schon im Jahr 2022, weit vor der Einführung des Bürgergelds, galt dort die Devise, den Menschen und nicht den Arbeitslosen zu sehen. Cornelia Hellmer, Teamleiterin im Jobcenter, will Langzeitarbeitslose wieder in Arbeit bringen und hat sich dazu ein Pilotprojekt ausgedacht. »Viele Jobcenter suchen Ansätze, wie Langzeitarbeitslose richtig angesprochen werden können«, sagt Hellmer und glaubt, einen gefunden zu haben.

Briefe, Anrufe, Sanktionen, das würde bei vielen kaum etwas bewirken, sagt sie. Ich traf sie in ihrem Büro im Jobcenter, einem modernen Bau mit Eingangstüren, die sich automatisch öffnen. Nur wenige Meter entfernt hat der Kasseler Stadtbus seine Endstation. Ein Ort, den man eigentlich problemlos erreichen kann. Und doch seien in den vergangenen Jahren – auch schon vor der Pandemie – immer mehr Kundinnen und Kunden trotz eines Termins nicht gekommen, erzählt sie. Etliche seien gar »untergetaucht« und würden sich nicht mehr melden. »Das macht unsere Mitarbeiter natürlich traurig, ohne den Kontakt können sie niemandem helfen«, sagt Hellmer. Und sie habe das nicht mehr hinnehmen wollen: »Ich dachte mir: Warum fahren wir nicht einfach zu den Menschen?« Im Jahr 2019 fing sie an, diese Idee vorzuschlagen. Sie brauchte über zwei Jahre, bis sie das Projekt umsetzen durfte. Eigentlich ist es bei den Aufgaben im Jobcenter weder vorgesehen noch vorgeschrieben, Menschen zu Hause zu treffen. Auch weil das bedeutet, dass Behörden Bürger besuchen, also der Staat vor der Tür steht, wo eigentlich die Privatsphäre geschützt sein sollte. Doch Hellmer betont: »Es geht uns nicht darum, Menschen nachzuspionieren.« Im Gegenteil, sie wolle mit ihrem Projekt einen Versuch wagen, Langzeitarbeitslose überhaupt zu erreichen: »Wir würden sie sonst aufgeben.«

Was Hellmer in der Theorie als »aufsuchende Sozialarbeit« beschrieb, konnte ich anschließend beobachten. Ich begleitete die Jobcenter-Mitarbeiterin Nadine Tiegel dabei, wie sie durch Kassel fuhr und Arbeitslose zu Hause antraf. Zum Beispiel einen 28-jährigen Mann, der nie eine Ausbildung abgeschlossen, aber einige Zeit als Lagerist gearbeitet hatte. Vor drei Jahren sei er von einer Leiter gestürzt, hätte zwei Bandscheibenvorfälle erlitten und könne seitdem viele Jobs nicht mehr ausüben. Tiegel organisierte ihm ein Coaching zum Wiedereinstieg in die Arbeit. »Es hilft vielen Langzeitarbeitslosen, erst mal langsam auf einen Job vorbereitet zu werden«, sagte sie. Der Mann sei angemeldet gewesen, aber nicht erschienen. An seiner Tür sprach sie ihn darauf an, freundlich, zugewandt. Sie verabredeten sich für einen neuen Termin, später protokollierte Tiegel alles auf ihrem Beifahrersitz. Sie grinste – ihr Erfolgslächeln. »So schaue ich nur, wenn ich etwas erreicht habe«, sagt sie. Das könne vielleicht keiner verstehen, der nicht mit Langzeitarbeitslosen arbeite, aber ja, es sei schon ein Erfolg, dass sich der Kunde beim nächsten Mal abholen lassen wolle.

Etwa eine Million Langzeitarbeitslose gibt es in Deutschland. Mein Besuch in Kassel zeigte mir, wie schwer es ist, diese Menschen zu erreichen. Dass sie oft krank sind und nicht mehr arbeitsfähig – und dass es sich trotzdem lohnt, sie nicht abzuschreiben. Tiegel und ihre Kolleginnen berichteten mir von Erfolgen und davon, dass viele der Menschen, die sie treffen, sich wertgeschätzt fühlen. Ja, auch das gehört zu einem menschenwürdigen Sozialstaat dazu. Viel mehr als die Frage, wie man diese Menschen wieder in Arbeit bringt, beschäftigte mich in Dresden und Kassel, wie wir als Gesellschaft auf Arbeitslose schauen. Und wie meine Generation sich dabei von älteren unterscheidet.

Meine Mutter hat bis heute wenig Verständnis dafür, wenn jemand nicht arbeitet. Derjenige muss schon wirklich chronisch krank sein, und zwar nachweisbar, damit sie das akzeptiert. Meine Mutter ist Teil einer Generation, die sich ihren Wohlstand hart erarbeiten musste. Entsprechend erwartet sie das auch von anderen. Wer nicht arbeitet, verweigert sich diesem Gedanken, und das ist ihr in gewisser Weise fremd. Sie würde nie von Sozialschmarotzern sprechen und auch nie eine

Partei wählen, die das tut. Und doch beobachte ich an ihr ein Unbehagen, wenn wir über das Thema der Arbeitslosigkeit sprechen. Es fasst ihr Gerechtigkeitsempfinden an zu wissen, dass andere – egal, wie wenige Menschen das auch sein mögen – monatlich Geld erhalten, ohne arbeiten zu gehen. Sie lehnt solche Zahlungen nicht ab, erwartet dafür aber langfristig eine Gegenleistung an die Gesellschaft. Sanktionen für den Fall, dass jemand Termine versäumt, Bewerbungsgespräche nicht wahrnimmt oder keine Unterlagen einschickt, findet sie ab einem gewissen Punkt gut.

Ich lehne es wiederum ab, anderen Menschen das Existenzminimum zu kürzen und jemanden dafür zu bestrafen, dass er nicht arbeitet. Und ich glaube – Umfragen dazu gibt es nicht –, dass viele in meiner Generation ähnlich denken. Zumindest empfinde ich das so, wenn ich mit Freundinnen und Freunden über diese Frage spreche. Unser Verhältnis zur Arbeitslosigkeit scheint entspannter zu sein, weil wir Arbeit einen anderen Stellenwert in unserem Leben geben. Ein Mensch besteht nicht nur aus seiner Arbeitskraft, sondern aus so viel mehr. Wer das verinnerlicht hat, sieht im Arbeitslosen nicht primär denjenigen, der nicht arbeitet, sondern denjenigen, der gerade so über die Runden kommt und in Armut lebt.

*

Und doch sind unsere Gesellschaft und der politische Diskurs immer noch darauf ausgerichtet, Arbeitslosigkeit zu verurteilen. Meine Kollegin, die ZEIT-Redakteurin Anna Mayr, hat dazu ein lesenswertes Buch verfasst.[167] Sie ist selbst in Hartz IV mit langzeitarbeitslosen Eltern aufgewachsen und weiß, wie Menschen auf Arbeitslose blicken – und welchen Zweck das in unserer Gesellschaft hat. Mayr argumentiert, dass alle, die fleißig arbeiten gehen, ein Feindbild brauchen. Und genau das sei für

Unsere Gesellschaft ist darauf ausgerichtet, Arbeitslosigkeit zu verurteilen.

viele Menschen der Arbeitslose. Der angeblich faule Schmarotzer dient als drohendes Bild des Elends, damit alle anderen wissen, dass sie das Richtige tun, nämlich arbeiten. Und dieses Bild wird vor allem durch Medien gefördert, also durch Artikel, Radiobeiträge und Fernsehsendungen.

Im Jahr 2021 machte ich mir von dem medialen Umgang mit Arbeitslosen selbst ein Bild. Für eine Reportage begleitete ich in Mannheim die Fernsehsendung »Hartz und Herzlich«, ein Format, das der Privatsender RTL2 überträgt.[168] Ich durfte an den Dreharbeiten teilnehmen und Menschen aus diesem Format begleiten. Ich begab mich in die sogenannten Benz-Baracken, drei Straßenzüge, in denen fast alle Anwohner Sozialleistungen erhalten. Dort leben Menschen auf kleinstem Raum, in Wohnblöcken in Grün, Gelb und Rosa. Die Straßen tragen Namen wie Guter Fortschritt, Zäher Wille und Frohe Zuversicht. Vor den meisten Blöcken gibt es einen Vorgarten mit Kunstrasen. Zwischen den Häusern ist der Stern des großen Mercedes-Werks zu sehen, in dem im Jahr 1886 das Patent für das erste Automobil der Welt angemeldet wurde. Nebenan wurden Barackenwohnungen für Obdachlose und Fürsorgeempfänger gebaut. Anfangs lebten dort auch Hilfsarbeiter, doch die wurden im Werk längst durch Maschinen ersetzt. Heute sind die eigentlichen Benz-Baracken abgerissen. Es blieben nur der Name und die Familien, die seit Generationen hier leben.

Menschen wie Elvis, der wie an fast jedem Tag einen Jogginganzug und sein Basecap trägt, um zu verdecken, dass er keine Haare hat. Die fehlenden Augenbrauen verraten, dass das schon seit vielen Jahren so ist. Chronischer Haarausfall. Ein eingefallenes Gesicht, 48 Lebensjahre am Existenzminimum. Gearbeitet hat der achtfache Vater nur selten. Elvis sagt, er sei zufällig zum Fernsehen gekommen. Vor vier Jahren habe ihn eine Frau mit einer Kamera in der Hand angesprochen: Ob er sich vorstellen könne, etwas aus seinem Leben zu erzählen. Konnte er. Daraus wurden sieben Staffeln mit 49 Folgen. In diesen erzählt Elvis nicht nur aus seinem Leben, die Kameras sind in diesem Leben auch immer dabei. Sie filmen ihn bei seinem kalten Heroinentzug zu Hause und zeigen, wie er benommen auf seinem Bett sitzt und nervös mit den Beinen wippt. Sie begleiten ihn ins Tattoostudio und zeigen, wie er sich die Namen seiner acht Kinder auf den Arm stechen lässt. Sie filmen ihn, als er in seiner Küche sagt: »So langsam bin ich an meiner Grenze angekommen.« Da betreut er seit einigen Tagen die Kinder allein, weil seine Frau operiert wird. Während er spricht, wird in der Sendung eingeblendet: »Elvis bekommt 1488 Euro Kindergeld im Monat.« Danach zieht er seinem kleinen Sohn die Hose herunter und setzt ihn auf die Toilettenschüssel. Die Kamera filmt ihn sogar vor dem Mannheimer Amtsgericht. Ein Nachbar hat ihn wegen Beleidigung angezeigt. 500 Euro koste ihn der Anwalt. »Das nehme ich in Kauf und esse halt die nächsten fünf Wochen Schuhsohlen«, sagt Elvis und lacht, sodass sichtbar wird, dass ihm einige Zähne fehlen.

Zwischendurch sind die anderen Hartz-IV-Empfänger der Sendung zu sehen – immer mehrere pro Folge, harte Schnitte, viel Müll, noch mehr Zigaretten, Bierdosen, Tattoos. Eine Fernsehstimme kommentiert das Gesehene, während die Kamera die Benz-Baracken von oben, die Graffiti an den Wänden oder den Sperrmüll auf den Straßen filmt. Dann sagt in jeder Folge eine Stimme Sätze wie: »Doch die Barackler halten zusammen« oder »Die Armut schweißt sie zusammen«.

Auch an dem Tag meines Besuches wurden neue Folgen gedreht. Elvis sitzt auf einem Plastikstuhl im Garten der Rentnerin Dagmar, die auch durch die Fernsehsendung bekannt wurde. Auf dem Tisch stehen eine Thermoskanne mit Kaffee, ein voller Aschenbecher und ein großer Behälter Stopftabak. Er erzählt von seinem Besuch bei Verwandten in Kroatien, sie von der kaputten Dachrinne. Beide lachen, rauchen, trinken. Und vor ihnen steht ein Kameramann, der immer wieder nach hinten und vorne geht, erst ihre Gesichter, dann den Tisch und die tätowierten Hände von Elvis filmt. Daneben stehen eine Redakteurin und ein Mann, der ein Mikrofon mit einem Fellwindschutz hält.

Gemeinsam drehen sie eine sogenannte Sozialdokumentation. Ein Genre, das derzeit eine erfolgreiche Fernsehsendung nach der anderen hervorbringt. Und zwar anders als frühere Formate, in denen Laiendarsteller Arbeitslose in Sendungen wie »Mitten im Leben« spielten oder vermeintliche Schwiegertöchter und Bauern beim Dating lächerlich gemacht wurden. Sozialdokumentationen sollen zeigen, was ist, ohne Drehbuch, ohne Ansagen. Angefangen hat das mit »Benefits Street«, einer Dokumentation in Großbritannien, die Arbeitslose porträtierte und Einschaltquoten wie sonst nur Fußballspiele erzielte. Darauf folgte in Deutschland der »Asternweg«, eine vierstündige Sendung auf dem Privatsender Vox – prämiert mit dem deutschen Fernsehpreis 2016. Seitdem mehren sich die Formate, die einen ungeschönten Einblick in eine sonst unsichtbare Lebenswelt versprechen. Sie tragen Namen wie »Armes Deutschland: Stempeln oder abrackern?«, »Hartes Deutschland – Leben im Brennpunkt«, »Armes reiches Deutschland«, »Hartz Rot Gold« oder »Zahltag! Ein Koffer voller Chancen«.

Glaubt man dem Medienwissenschaftler Bernd Gäbler, bedienen diese Formate vor allem eines: Klischees. Die Sendungen würden Vorurteile reproduzieren. Armut stehe dort immer für Verwahrlosung und Kulturlosigkeit. Ständig zoome die Kamera auf Bierdosen, volle Aschenbecher und den laufenden Fernseher. Für seine Studie »Wie das Fernsehen die Unterschicht vorführt« hat Gäbler über hundert Stunden von »Hartz und herzlich« und »Armes Deutschland« analysiert. Dort sah er zum Beispiel Patricia aus Pirmasens: »Sie wird als gelernte Hauswirtschafterin vorgestellt, dabei schweift die Kamera durch die völlig vermüllte Wohnung«, sagt Gäbler. Jenny aus Mannheim werde damit zitiert, dass sie viel Wert auf Sauberkeit lege. »Im Zwischenschnitt werden dann Kakerlaken in Großaufnahme gezeigt«, sagt Gäbler. Gudrun sitzt im Rollstuhl und sagt, dass sie davon träume, irgendwann wieder gehen zu können. Sofort werde auf ihren amputierten Fuß gezoomt. »Dieses Vorführen ist typisch«, sagt Gäbler.

Und die Fernsehsender würden sich diese Bilder erkaufen. Es gebe einen unausgesprochenen »Deal« zwischen Protagonisten und Produzenten: »Die Menschen offenbaren sich, zeigen ihre Krankheiten und vermüllten Wohnungen und kommen dafür im Fernsehen vor.« Und was noch wichtiger sei: »Die Nachbarn reden über sie, manche Protagonisten werden zu Stars«, sagt Gäbler. Das Fernsehen verspricht ihnen eine Bühne und damit Anerkennung, die ihnen oft verwehrt geblieben ist. Für Elvis oder Dagmar ist die Bekanntheit kein Ticket »da raus«, vielmehr werden sie gefeiert, weil sie dort sind. Mit extremen Charakteren für die Quote würden sie das Bild über Arbeitslosigkeit in Deutschland verzerren und dominieren.

Arbeitslosigkeit dient in den Medien als ein Drohbild.

Damit tragen Fernsehsendungen dazu bei, Arbeitslosigkeit zu verdammen und als etwas Schlimmes darzustellen. Quasi als Drohbild, das jedem zeigen soll, wie es aussehen kann, wenn man die Kontrolle über sein Leben verliert. Wie schnell es gehen kann, wie schnell man unten landet und es dann besonders schwer hat, wieder aus dieser Krise herauszukommen. Und indirekt auch, wie gut es einem geht, eben weil man arbeitet.

*

Aber diese Erzählung funktioniert für meine Generation nicht mehr. Die Arbeitslosigkeit sinkt, vielerorts herrscht Vollbeschäftigung. Dass wir Jungen ein anderes Verhältnis zur Arbeitslosigkeit haben, liegt auch daran, dass sie für uns keine drängende Gefahr darstellt. Zumindest für viele junge Menschen nicht. Während Arbeitslosigkeit für die Babyboomer greifbar war, ist sie für junge Menschen heutzutage allenfalls eine abstrakte Angst. Wir leben eben nicht in Zeiten der Einstellungsstopps oder der Massenarbeitslosigkeit, sondern während eines Fachkräftemangels, der sich weiter verschärfen wird. Ich habe nicht das Gefühl, mir darüber Gedanken machen zu müssen, mal lange arbeitslos zu sein und keinen Job mehr zu finden. Nicht nur, weil ich Journalist bin und das irgendwie immer gebraucht wird, sondern auch, weil ich jederzeit die Branche wechseln könnte. Nicht nur ins Verlagswesen, zu Medienagenturen oder in Pressebüros, sondern auch in völlig andere Bereiche wie die Pflege, das Lehramt oder einen anderen sozialen Beruf. In Zeiten des Personalmangels ist viel möglich, nur eines ist für qualifizierte und gesunde Menschen schwierig: arbeitslos zu werden. Die Generation Anspruch ist sich bewusst: Wir werden nicht gefeuert, sondern gesucht, wir sind in praktisch allen Branchen gefragt.

*

Und mehr als das: 56 Prozent der Angestellten sagen, sie würden ihren Job sofort aufgeben, wenn sie sich das finanziell leisten könnten.[169] Natürlich will niemand in Armut landen, aber die reine Arbeitslosigkeit schreckt nicht mehr ab. Für meine Generation gilt sogar: Es ist besser, wenig zu arbeiten, als zu viel zu arbeiten. Eine lange Elternzeit oder eine berufliche Auszeit ist für uns normal geworden – wir arbeiten bewusst gar nicht und haben im Studium oder in der Ausbildung gelernt, mit wenig Geld zurechtzukommen.

Manche verfolgen aktiv das Ziel, möglichst früh nicht mehr arbeiten zu müssen. Gemeint sind Menschen, die sich dem sogenannten Frugalismus oder der Fire-Bewegung angeschlossen haben. Sie sparen und investieren, um so früh wie möglich in Rente gehen zu können. Wie der 30-jährige Maximilian Dachauer, den eine Kollegin interviewt hat.[170] Er las während seines Jurastudiums ein Buch darüber, was reiche Menschen ihren Kindern über Geld beibringen. In einem Werk von Robert T. Kiyosaki wurde beschrieben, wie man finanziell unabhängig werden kann, wenn man das Geld geschickt investiert und für sich arbeiten lässt. Dachauer war begeistert und legte direkt los. Schon im Referendariat begann er 4000 Euro zu sparen und zu investieren. In seinem ersten Job bei einer großen Kanzlei verdiente er gut und sparte viel – in zwei Jahren konnte er 100000 Euro beiseitelegen. Er kaufte sich eine kleine Wohnung, die er vermietet, fährt ein 20 Jahre altes Auto und nimmt häufig sein Brot mit ins Büro, statt mit den Kolleginnen und Kollegen essen zu gehen. Mit einem detaillierten App-Sparplan will er es schaffen, mit 40 Jahren in Rente gehen zu können.

Auch Lisa Warning, IT-Beraterin aus München, schloss sich der Fire-Bewegung an. Sie will mit ihrem Partner 700000 Euro ansparen. Dann könnten sich beide finanziell unabhängig machen und ihre Jobs aufgeben. »Das könnten wir mit unserem Plan in den nächsten zehn bis zwölf Jahren erreichen«, sagt Warning. Dazu legt das Paar Geld in einem breit gestreuten Index-Fonds an und strebt eine Sparquote von 50 bis 65 Prozent an – gibt also einen Großteil ihrer Gehälter nicht aus.

*

Das Ziel, möglichst früh frei und nicht mehr auf Erwerbsarbeit angewiesen zu sein, findet sich auch in der Idee des bedingungslosen Grundeinkommens wieder. Reden wir über das bedingungslose Grundeinkommen, müssen wir zwischen drei Modellen unterscheiden. Alle haben gemeinsam, dass jeder Mensch unabhängig von seiner Ausbildung und Arbeit monatlich bedingungslos Geld erhält, um seinen Lebensunterhalt zu bestreiten. In manchen Modellen so viel, dass der Mensch Arbeit nicht mehr zum Überleben braucht und sich frei entfalten kann. In anderen ist es lediglich eine finanzielle Unterstützung, die jeder Bürger und jede Bürgerin unbürokratisch und ohne Bedingungen ausbezahlt bekommt. Das soll gerecht sein, weil es alle Menschen gleichbehandelt und auch Care-Arbeit, die oft unsichtbar bleibt und meist von Frauen übernommen wird, entlohnen würde. Die vielen Menschen, die ihre Angehörigen pflegen, den Haushalt machen und ihre Kinder versorgen, würden dann endlich auch in gewisser Weise dafür bezahlt werden. Das macht das Grundeinkommen laut Befürworterinnen und Befürwortern auch zu einem feministischen Projekt.

Ein Grundeinkommen soll die Freiheit des Einzelnen stärken, sich bewusst für oder gegen Arbeit entscheiden zu können.

Auch soll das Grundeinkommen die Freiheit des Einzelnen stärken, sich bewusst für Arbeit entscheiden zu können. Was auch bedeutet, sich dagegen entscheiden zu können. Also Jobs abzulehnen, auf Stellenangebote nicht zu reagieren oder leichter kündigen zu können, weil man weiß, dass man auch ohne das Gehalt zurechtkommen kann. Genauso würde dieses Wissen dazu führen, dass man selbst bestimmen kann, wie viel man arbeitet, wann man sich politisch und ehrenamtlich engagieren will oder ob man lieber mehr Freizeit haben möchte. Heute ist das alles eine Frage des Geldes und der finanziellen Freiheit – mit einem Grundeinkommen wären mehr Menschen besser in der Lage, sich wirklich entscheiden zu können, wie ihr Leben aussehen soll. Befürworterinnen und Befürworter des bedingungslosen Grundeinkommens sprechen davon, dass dies das Modell Arbeit aufwerten würde und entgegen aller Kritik auch finanzierbar sei.

Im ersten Modell, dem sogenannten solidarischen Bürgergeld, geht es um einen wirtschaftsfreundlichen Ansatz. Dieser geht auf den Ex-Ministerpräsidenten von Thüringen, den CDU-Politiker Dieter Althaus, zurück.[171] Demnach erhält jeder Bürger und jede Bürgerin 500 Euro im Monat. Das Geld soll jedoch mit dem Einkommen verrechnet werden, sofern jemand arbeitet. Gleichzeitig soll es Steuerfreibeträge geben, sodass bis zu einem Einkommen von 2000 Euro im Monat niemand Steuern zahlen muss. Das soll Anreize schaffen, trotz eines bedingungslosen Grundeinkommens arbeiten zu gehen. Arbeiten gehen müsste man in diesem Modell ohnehin, weil der Beitrag bei Weitem nicht ausreicht, um finanziell abgesichert zu sein. Wahrscheinlich würde der schon veraltete Vorschlag heute ein höheres Grundeinkommen erfordern – aber es wäre laut der Idee stets so niedrig angesetzt, dass man arbeiten muss, um gut leben zu können. Vor allem, wenn der Betrag mit einem Gehalt verrechnet und nicht zusätzlich dazu ausgezahlt wird.

Das zweite Modell trägt den Namen des emanzipatorischen Grundeinkommens und wird vor allem von Abgeordneten der Partei Die Linke unterstützt.[172] Im Jahr 2022 stimmten 56,6 Prozent der Parteimitglieder diesem Konzept bei einem Mitgliederentscheid zu. Demnach sollen alle Menschen ein Grundeinkommen erhalten, das sich am durchschnittlichen Verdienst in Deutschland orientiert. Ein Erwachsener würde mehr als 1000 Euro erhalten, Kinder mehr als 500 Euro. Leistungen wie das BAföG oder Kindergeld würden entfallen, was Bürokratie abbauen würde. Stattdessen würde es nur noch das Grundeinkommen geben. Den restlichen Teil dieser Leistung würde man durch Steuererhöhungen für Spitzenverdiener und eine Vermögenssteuer für Reiche finanzieren. Dieses Modell würde zu einer starken Umverteilung führen und Menschen ein existenzsicherndes Leben ermöglichen, das der Idee eines Grundeinkommens nahekommen würde.

Das dritte Modell eines bedingungslosen Grundeinkommens geht auf Götz Werner, den verstorbenen Gründer der Drogeriekette dm, zurück.[173] Er forderte, die Steuern auf Einkommen und Unternehmen abzuschaffen und künftig nur noch den Konsum zu besteuern, also die Mehrwertsteuer deutlich zu erhöhen. Gleichzeitig sollen alle Sozialleistungen abgeschafft und durch ein Grundeinkommen von etwa 1000 Euro im Monat ersetzt werden. So würde der Arbeitgeber Personalkosten sparen und könnte Arbeit attraktiver machen, während der Mensch in seinen Grundbedürfnissen abgesichert wäre, ohne auf Arbeit angewiesen zu sein. Inwiefern die hohe Konsumsteuer sich auswirken würde, ist schwer vorauszusehen, aber dieses Modell wäre mit einem starken Umbau des Steuer- und Wirtschaftssystems verbunden und ist daher am schwierigsten umzusetzen. Auch weil Deutschland sich im Wettbewerb mit vielen Ländern befindet.

Auch wenn die einzelnen Modelle sehr unterschiedlich sind, zeigt sich, dass sie alle die Arbeitswelt verändern würden. Fragt man die Bürgerinnen und Bürger in Deutschland, erhält das bedingungslose Grundeinkommen viel Unterstützung. Einer Studie des Deutschen Instituts für Wirtschaftsforschung zufolge sprechen sich 53 Prozent der Menschen in Deutschland für ein bedingungsloses Grundeinkommen aus, 36 Prozent sind dagegen.[174] Insgesamt hat ein bedingungsloses Grundeinkommen von 1200 Euro im Monat die meiste Zustimmung, vor allem von jungen Menschen und jenen, die wenig verdienen und eine geringere Lebenszufriedenheit aufweisen.[175] Das bedingungslose Grundeinkommen weckt Sehnsüchte – und ob es diese erfüllen kann, wird man nur wissen, wenn man es großflächig testet. Führt es wirklich dazu, dass Menschen freier werden, oder macht es sie fauler? Ist das finanzierbar, und welche Auswirkungen hätte es auf den Arbeitsmarkt, der ohnehin schon einen enormen Fachkräftemangel erlebt? Arbeiten Menschen dann weniger, und wofür nutzen sie ihre frei gewordene Zeit? All diese Fragen müssen wissenschaftlich erforscht und beantwortet werden.

Ein Pilotprojekt wagt diesen Versuch. Es läuft seit dem Jahr 2021 in Deutschland. Gemeinsam mit meinem Kollegen, dem ZEIT-Redakteur Kolja Rudzio, begleite ich diesen Versuch seit seinem Start und spreche regelmäßig mit Menschen, die für das Vorhaben ausgewählt wurden.[176] Das Experiment, durchgeführt von Wissenschaftlerinnen und Wissenschaftlern des Deutschen Instituts für Wirtschaftsforschung und des Vereins Mein Grundeinkommen e.V., soll in der Praxis testen, wie sich das Grundeinkommen auf Menschen auswirkt. Werden sie träge? Oder werden Grundeinkommensbezieher mutiger und kreativer? Insgesamt 122 zufällig ausgewählte Testpersonen bekommen seit Mitte des Jahres 2021 monatlich 1200 Euro ausgezahlt – bedingungslos. Es ist also völlig egal, ob und wie viel sie arbeiten, was sie mit dem Geld vorhaben und wie sie die Idee eines Grundeinkommens politisch bewerten. Dem gegenüber steht eine Kontrollgruppe aus Menschen, die kein Grundeinkommen erhalten.

Die Forscherinnen und Forscher führen regelmäßig Befragungen durch, entnehmen den Probanden auch Haarproben, um deren Stresslevel zu prüfen. Noch liegen die finalen Ergebnisse dieses Experiments nicht vor, aber wir konnten immer wieder mit drei Empfängern sprechen. Unter anderem mit Smira Korves, die in Osnabrück und Münster als Tagesmutter und Schwimmlehrerin arbeitet. Sie nahm sich im ersten Jahr des Experiments vor, weniger zu arbeiten, hat aber stattdessen ihre eigene Schwimmschule ausgebaut. Sie hat inzwischen zwei weitere Schwimmbecken angemietet und bietet mehr Kurse als jemals zuvor an. »Insgesamt bringen wir jetzt fast 300 Kindern das Schwimmen bei.« Ohne das Grundeinkommen wäre es ihr nicht möglich gewesen, die zusätzlichen Becken anzumieten. »Außerdem habe ich mir im April endlich ein eigenes Auto angeschafft«, sagt Korves. Und sie habe 1000 Euro an den Zoo in Münster gespendet und sich zur Tagesmutter fortbilden lassen. Obwohl Korves also bedingungslos Geld erhält, hat sie sich nicht zurückgelehnt, sondern ihre Leidenschaft ausgebaut und der Gesellschaft etwas zurückgegeben.

Anders erging es Bianca Radlbeck, die gelernte Schweißerin ist und nun in München Wirtschaftsingenieurwesen studiert. Das Grundeinkommen hilft ihr vor allem dabei, die teuren Mieten in München bezahlen zu können und mehr Zeit zum Lernen zu haben. Denn Radlbeck arbeitete nebenbei in der Gastronomie, aber als ein neuer Besitzer den Laden übernahm, kündigte sie. »Ich will keinen Job annehmen, nur um damit Geld zu verdienen«, sagt Radlbeck. Stattdessen wolle sie mehr Zeit haben, um ihr Studium in der Regelstudienzeit zu schaffen und gleichzeitig einen Job zu haben, der ihr wirklich etwas bringt. »Ich will als studentische Hilfskraft arbeiten oder ein Praktikum machen. Es muss aber mit meinem Studium zu tun haben«, sagt Radlbeck. Außerdem würde sie gerne ein Auslandssemester machen – all das wäre ohne das Grundeinkommen schwer zu finanzieren. Diese zwei Beispiele zeigen, wie unterschiedlich sich ein Grundeinkommen auswirken kann – und was es im Menschen bewirken kann. Der eine erfüllt sich das nächste Projekt, der andere verzichtet auf Arbeit, die ihm nicht gefällt, und sucht sich andere.

Ob durch Frugalisten oder die Befürworter des Grundeinkommens: Arbeit wird aus vielen Richtungen hinterfragt.

Und Arbeitslosigkeit schreckt meine Generation nicht mehr zwangsläufig ab. Im Gegenteil, das Ziel einiger besteht gerade darin, nicht mehr so viel arbeiten zu müssen. Einige junge Menschen messen Arbeit nicht mehr denselben Stellenwert zu, den Berufe für andere Generationen hatten.

Kapitel 7

Keiner sollte für den Kapitalismus arbeiten

Die Generation Anspruch ist mit Krisen aufgewachsen. Die Älteren unter uns schon mit der Finanz- und Eurokrise, die Jüngeren mit der Pandemie und einem Krieg in Europa. Und alle mit der Krise, die andauert und ihr Leben bestimmen wird: dem Klimawandel. Mehr als die Hälfte der 16- bis 25-Jährigen stimmen laut einer Umfrage des Meinungsforschungsinstituts Civey der Aussage zu, dass sie sich Sorgen um ihr persönliches Leben machen, wenn sie an die Zukunft denken.[177] Drei Viertel der jungen Menschen beschäftigt die zukünftige Entwicklung der Gesellschaft. Am meisten fürchten sie sich vor der Inflation, einem Krieg in Europa, einer Wirtschaftskrise und dem Klimawandel.

Auch deshalb sind junge Menschen häufig politisch: Sie streiken, anstatt zur Schule zu gehen, demonstrieren, protestieren, organisieren sich online, kleben sich offline auf die Straße oder beschmieren Kunstgemälde. Diese jungen Menschen wollen etwas bewirken und nicht schweigend dabei zuschauen, wie dieser Planet für sie und zukünftige Generationen zerstört wird. Vor der vergangenen Bundestagswahl gingen sie zu Hunderttausenden auf die Straße, obwohl oder gerade weil viele von ihnen nicht mitwählen durften. Manche treffen sich bei Fridays for Future, bei Extinction Rebellion oder in der Letzten Generation. Sie folgen Vorbildern wie Greta Thunberg oder

Luisa Neubauer und organisieren selbst Proteste. Andere gehen in Parteien, wenige schaffen es sogar jung in Parlamente. Überall beschäftigen sich junge Menschen mit der Frage, wie die Klimakrise gestoppt oder zumindest verlangsamt werden kann.

Junge Menschen wollen nicht schweigend dabei zuschauen, wie dieser Planet zerstört wird.

Und wer den Klimawandel ernsthaft aufhalten will, ist ganz schnell bei der Frage, was eigentlich der Kapitalismus damit zu tun hat, dieses System, das darauf basiert, Profite zulasten des Planeten nicht nur zu tolerieren, sondern zu fördern. Viele junge Menschen vertreten die Position, dass es den Klimawandel ohne den Kapitalismus nicht geben würde. Denn der Kapitalismus beruht auf der Ideologie des ewigen Wachstums, des Immer-mehr, Immer-weiter, Immer-schneller. Dieser Wachstumszwang zerstört den Planeten, der in seiner Endlichkeit die Ressourcen für unendliches Wachstum nicht zur Verfügung stellen kann. Egal, ob durch Kohlekraftwerke, abgeholzte Regenwälder oder die Avocado, die um die Welt geflogen wird, damit der Kunde sie rechtzeitig im Supermarkt liegen hat. Zum Kapitalismus gehört der Wille, die Produktivität und den Profit über alles andere zu stellen – und dadurch wird die Klimakrise in vielerlei Hinsicht verschärft. Junge Menschen wollen das nicht mehr hinnehmen. Sie kritisieren eine Globalisierung, die auf Gewinne und nicht auf die Erhaltung unserer Lebensgrundlagen programmiert ist. Radikale Klimaschützer ernähren sich vegan oder zumindest vegetarisch, sie fahren Fahrrad statt Auto, nehmen die Bahn und nicht den Flieger, verzichten auf Plastik und Fast Fashion und kaufen lieber regional ein als Produkte aus aller Welt im Discounter um die Ecke. Sie meiden den unnötigen Konsum und widersetzen sich dem Gedanken, dass es ständig neue Waren braucht, um glücklich zu sein.

Kurz gesagt: Viele junge Menschen hinterfragen einiges von dem, was die Globalisierung dem Menschen gebracht hat – und damit in letzter Konsequenz auch den Kapitalismus an sich. Der Glaube, dass es immer so weitergehen kann und alles auf ewiges Wachstum ausgerichtet ist, ist meiner Generation fremd. Wohlstand definieren heute viele junge Menschen nicht mehr durch ein Haus mit Pool, das teure Auto in der Garage und den jährlichen All-inclusive-Urlaub auf Mallorca. Im Gegenteil. Wohlstand bedeutet für die Generation Anspruch, ein Leben zu führen, das einen erfüllt und dazu beiträgt, dass auch künftige Generationen noch einen Planeten haben, auf dem sie ein erfülltes Leben anstreben können.

Die junge Generation ist politisch, teilweise radikal. Das betrifft nicht nur ihre Ernährung, ihren Konsum und ihre politischen Ansichten. Junge Menschen wollen in der Gegenwart leben, eben weil sie nicht an eine sichere Zukunft glauben. Und das verändert auch ihren Blick auf Arbeit. Der Jugendforscher Klaus Hurrelmann drückt es so aus: »Die Erwerbsarbeit hat für die Generation Z nicht mehr denselben Stellenwert wie für die Babyboomer.«[178] Er begründet das mit dem Kontrollverlust, den junge Menschen in der Pandemie erlebt haben und im Klimawandel nun ebenfalls spüren. Umso mehr sei es ihnen wichtig, selbst bestimmen zu können, wie ihr Privatleben aussieht und wie Arbeit dazu passt. Und darüber hinaus fragen sich junge Menschen, weshalb sie sich jetzt abrackern sollen, wenn ihre Zukunft so ungewiss ist. Warum in Vollzeit arbeiten, wenn es später keine Rente mehr gibt? Weshalb jetzt hart arbeiten und dadurch auch noch dazu beitragen, dass sich die Klimakrise verschärft? Und wieso jetzt Überstunden machen, wenn das dazu führt, dass die Zeit dafür fehlt, sich politisch oder ehrenamtlich zu engagieren?

Junge Menschen wollen in der Gegenwart leben, weil sie nicht an eine sichere Zukunft glauben.

*

Viele junge Menschen machen sich Gedanken über diese Fragen und damit zwangsläufig auch darüber, ob ihr Arbeitgeber zu ihren Idealen passt. Nicht wenige kündigen ihre Stelle, um einen klimafreundlicheren Job anzunehmen. »Climate Quitting« nennt sich dieser Trend, der laut einer Umfrage aus dem Jahr 2022 nicht wenige Menschen betrifft.[179] Demnach sagen 71 Prozent der Angestellten in Deutschland, dass sie sich kurz- bis mittelfristig eine andere Stelle suchen würden, wenn ihr Unternehmen gegen Menschenrechte oder Umweltstandards verstößt. 61 Prozent der Befragten ist ein ethisch agierender Arbeitgeber sogar wichtiger als ein hohes Gehalt. Dabei bleibt zwar offen, wie Menschen ethisch definieren und welche Standards sie voraussetzen – und doch zeigen Umfragen wie diese, dass sich Angestellte zumindest Gedanken darüber machen. Der eine oder andere wird vor diesem Hintergrund auch Entscheidungen für sein Berufsleben treffen.

Auch ich als Journalist könnte in die Werbeindustrie wechseln oder in der Unternehmenskommunikation arbeiten, also Plakate gestalten, Pressemitteilungen schreiben oder Werbespots drehen. Wahrscheinlich für einen großen Konzern, der Regenwälder rodet, nur alte weiße Männer im Vorstand hat und Gewinne zulasten seiner Angestellten macht. Ich würde dort vielleicht mehr verdienen, habe mich aber bewusst dagegen entschieden und arbeite stattdessen für einen Arbeitgeber, der seinen Teil dazu beitragt, dass unsere Demokratie funktioniert.

Junge Menschen wollen sich, entgegen dem, was oft behauptet wird, mit ihrem Arbeitgeber identifizieren. Sehr sogar, vielleicht mehr als jede Generation zuvor. Und genau deshalb formulieren sie auch Ansprüche an die Unternehmen, die sie anstellen wollen. Nicht nur, was die Arbeitsbedingungen angeht, sondern auch, was die Haltung des Unternehmens betrifft. Keiner will einen Chef, der sich sexistisch äußert, oder eine Konzernleitung, die auf Diversität pfeift. Genauso wenig wie eine Unternehmensstrategie, die darauf beruht, andere Menschen auszubeuten oder dem Klima zu schaden. Laut einer Umfrage des Beratungsunternehmens KPMG fordert die Hälfte der jungen Menschen ein, dass Unternehmen sich einem ESG verpflichten, also festlegen, welche sozialen und ökologischen Standards sie setzen wollen.[180] Einer von fünf jungen Menschen hat demnach bereits ein Jobangebot ausgeschlagen, weil das jeweilige Unternehmen keine Nachhaltigkeitsziele verfolgt hat. Eines will heute kaum ein junger Mensch: Arbeit, die das Klima zerstört, auf Konkurrenz beruht und nur zu noch mehr Konsum führt, den sich dieser Planet nicht leisten kann.

Deshalb entscheiden sich junge Menschen bewusst gegen bestimmte Unternehmen – oder gleich dafür, ohnehin weniger arbeiten zu wollen, um nicht auch noch mit der eigenen Arbeitskraft dazu beizutragen, dass die Klimakrise oder das Biodiversitätssterben vorangetrieben wird.[181] Denn es ist wissenschaftlich erwiesen, dass weniger Arbeit gut für die Erde wäre. Der Forscher Philipp Frey vom Karlsruher Institut für Technologie hat diesen Effekt mit Datensätzen der OECD untersucht und kommt zu dem Schluss, dass es einen Zusammenhang zwischen Treibhausgasen und dem Bruttoinlandsprodukt gibt.[182] Je mehr eine Gesellschaft produziert und konsumiert, desto mehr leidet der Planet. Laut seinen Berechnungen müsste die wöchentliche Arbeitszeit der Menschen drastisch sinken – von aktuell vierzig auf nur neun Stunden in der Woche –, damit Arbeit zu einer nachhaltigen und grünen Gesellschaft beiträgt.

Es ist wissenschaftlich erwiesen, dass weniger Arbeit gut für die Erde wäre.

Ja, das sind theoretische Berechnungen, und ihre Schlussfolgerungen sind utopisch. Und doch zeigen Auswertungen wie diese, dass Arbeit klimaschädliches CO_2 verursacht. Und zwar nicht nur durch die Herstellung der Produkte, die oft um die Welt geschickt und dann konsumiert werden, sondern auch durch banale Dinge wie Arbeitswege im Auto oder den hohen Energieverbrauch von Büros, Servern und Fabriken. Zumindest ein Teil der jungen Menschen denkt kritisch darüber nach, wie viel Schaden der eigene Job anrichten kann, und kommt zu dem Schluss, dass weniger Arbeit besser wäre. Zumindest dann, wenn man die freie Zeit nicht dazu nutzt, noch mehr zu konsumieren. Es gibt junge Menschen, die danach leben und auf Askese und Minimalismus setzen, um dem Planeten nicht zu schaden. Und das ist nicht nur hierzulande so.

*

Wenn wir von der Generation Anspruch reden, dann geht es nicht nur um eine angeblich arbeitsfaule deutsche Jugend, sondern um eine weltweite Bewegung junger Menschen, die anders über Arbeit und deren Folgen für unseren Planeten nachdenkt.

Das fängt mit Quiet Quitting und Millennials in den USA an, die infrage stellen, ob eine Person wirklich durch ihre Produktivität definiert werden sollte. Die eine kapitalistische Mentalität ablehnen, nach der Arbeit das Leben bestimmt, und stattdessen auf Dienst nach Vorschrift pochen.

Es setzt sich im kommunistisch regierten China fort, in dem junge Menschen gegen die falsche Art von Arbeit aufbegehren. Auch sie stellen den Arbeitsfetisch, der von der Einheitspartei propagiert wird, infrage und formieren eine passive Widerstandsbewegung namens Tangping – den Begriff kann man mit »flach liegen« übersetzen.[183] Anfang des Jahres

2021 postete Luo Huazhong im Internet einen kurzen Essay. Der junge Mann arbeitete bereits als Handwerker, Sicherheitsmann, Fabrikinspektor und Onlinehändler. Dann radelte er monatelang durch Tibet und stellte fest, wie sehr ihn all die Arbeit an ein kapitalistisches System bindet, das er ablehnt. Er rief dazu auf, mehr flach zu liegen, also zu entspannen, als immer nur mehr zu arbeiten. »Tangping ist Gerechtigkeit«, schrieb er und erklärte, weshalb er heute wieder in seinem Heimatdorf lebt und lieber Hühner hält und vom Gemüse aus dem eigenen Garten lebt, als sich in der Stadt kaputtzuarbeiten.[184] Seine Aussagen sind ein Affront, weil er der Ideologie der Einheitspartei und des sozialistischen Wirtschaftssystems widerspricht. Diese beruht darauf, dass junge Menschen nach Wohlstand streben, in die großen Städte ziehen und hart arbeiten, um ihre Familien zu unterstützen und selbst reich zu werden. Tangping sabotiert diesen Anspruch auf subtile Art. Und immer mehr junge Chinesinnen und Chinesen finden Gefallen daran, weniger zu arbeiten, auf Eigentum zu verzichten und minimalistisch zu leben, also nicht mehr zu konsumieren, als der Mensch wirklich braucht. Ein kaptialismuskritischer Ansatz, der sogar die chinesische Staatsregierung zu beunruhigen scheint. Selbst Präsident Xi Jinping äußerte sich in einem Aufsatz zu Tangping und widersprach: »Ein glückliches Leben ist das Ergebnis harter Arbeit.« Kurz darauf ließ er den Essay von Luo Huazhong aus dem Internet löschen und auch Poster und T-Shirts mit Zitaten und Slogans daraus verbieten.[185] Doch was bleibt und nicht verboten werden kann, ist eine junge Generation von Chinesinnen und Chinesen, die anders über Arbeit denkt und den Turbokapitalismus und seine Konsequenzen für den Menschen und das Klima hinterfragt.

Es wäre wohl etwas übertrieben, angesichts der Entwicklungen in den verschiedenen Ländern wirklich von einer welt-

Stell dir vor, es ist Kapitalismus, und keiner geht hin.

weiten neuen Arbeiterbewegung zu sprechen, und doch beschreiben Schlagworte wie Quiet Quitting oder Tangping gesellschaftliche Umbrüche, die man in vielen Ländern beobachten kann. Zu sehen ist ein Aufbegehren gegen vorhandene kapitalistische Strukturen und Denkmuster. Überall auf der Welt sagen junge Menschen: Stell dir vor, es ist Kapitalismus, und keiner geht hin.

*

Ein anderer Teil der jungen Generation nutzt stattdessen die Prinzipien der Marktwirtschaft für Veränderungen. Denn der Kapitalismus ist ohnehin schon in der Krise. Zinsen und Preise explodieren, in Europa gibt es einen Krieg, die Folgen der Coronapandemie sind noch nicht ausgestanden. Doch vor allem machen die düsteren Zukunftsaussichten vielen Unternehmerinnen und Unternehmern Sorgen. Einerseits durch den Klimawandel, der auch ihre wirtschaftliche Zukunft bedroht, wenn Ressourcen knapper werden und gleichzeitig Naturkatastrophen Standorte und Absatzmärkte bedrohen. Andererseits durch den Fachkräftemangel. Vor allem in Deutschland wird dieser zum Problem, da aufgrund der Demografie zu viele alte Menschen demnächst in den Ruhestand gehen werden und zu wenige junge Menschen auf ihre Stellen nachrücken können. Die Generation Anspruch weiß um ihren Wert. Sie weiß, dass sie gebraucht wird und dass der Kapitalismus auf dem Angebot-Nachfrage-Modell basiert. Wenn etwas gesucht und begehrt ist, steigt sein Preis. Warum sollte das nur für Produkte gelten, aber nicht für dringend benötigte Angestellte?

Diese neue Macht auf dem Arbeitsmarkt nutzt meine Generation.[186] Sie fordert nicht nur bessere Arbeitsbedingungen, sondern auch Unternehmen, die dem Klima nicht schaden, sich politisch positionieren und sich gegen Rassismus aussprechen. Wir reden von einem Wirtschaftssystem, das bereits in der Krise ist und bald vor einer noch viel größeren Krise stehen wird – und dabei angewiesen ist auf Menschen, die das System infrage stellen. Das mag für Personaler und Führungskräfte nervig sein, wenn sie neue Angestellte suchen.[187] Das mag Bewerbungsgespräche oder Gehaltsverhandlungen komplizierter und aufwendiger machen. Aber: Mit all ihren Ansprüchen ist diese junge Generation dabei ein wichtiges Korrektiv.

Kapitel 8

Kurzarbeit ist gute Arbeit

Immer mehr Unternehmen passen sich den neuen Ansprüchen an Arbeit an. Große Konzerne führen Sabbaticals ein, mittelständische Unternehmen setzen auf Vertrauensarbeitszeit, und Menschen wie die Malermeisterin Jessica Hansen aus Osterby in Schleswig-Holstein ändern gleich alles, um sich anzupassen.

Im Frühjahr des vergangenen Jahres sprach ich mit ihr über ihre Situation.[188] Wie viele Betriebe im ganzen Land suchte auch sie neues Personal, schaltete verzweifelt Anzeigen im Internet und der Lokalzeitung. Doch auch nach mehreren Anläufen meldete sich kaum jemand bei ihr. Weder junge Menschen, die eine Ausbildung in ihrem Betrieb machen wollen, noch die älteren Maler, die einen Job suchen. Noch nicht einmal die Ungelernten, die als Quereinsteiger in den Beruf wollen. Stattdessen hatte sie regelmäßig Stammkunden am Telefon, die sie vertrösten musste, dass ihr Projekt länger dauert, später beginnt oder sogar mehrere Monate verschoben werden muss. Anfragen von Neukundinnen und Neukunden musste sie zu diesem Zeitpunkt sogar ablehnen, weil einfach nicht genug Personal da war. »Das ärgert mich jedes Mal, weil ich natürlich am liebsten alle Aufträge annehmen will«, sagte Hansen.

Weil sie kein Personal fand, fragte sie ihre bisherigen Beschäftigten, was sich ändern müsse, damit sie zufriedener wären und sie neue Kolleginnen und Kollegen gewinnen könne. »Wir haben mit der Bezahlung angefangen und die deutlich verbessert«, sagte Hansen. Sie zahlte von nun auch alle Fahrzeiten und erhöhte die Stundenlöhne. Doch das allein überzeugt heutzutage niemanden mehr, einen Job anzunehmen. Das musste auch Jessica Hansen lernen und passte daraufhin auch die Arbeitszeiten an. »Nur so können wir Maler mit Kindern und junge Menschen für uns gewinnen«, sagte sie. Im ersten Schritt führte sie flexible Arbeitszeiten und die bei vielen beliebte Gleitzeit ein – und dann sogar die Viertagewoche bei gleichem Gehalt. »Jeder kann entscheiden, an wie vielen Tagen er seine Wochenstunden abarbeitet«, sagte Hansen. Und siehe da, heute kann sich Hansen vor Bewerberinnen und Bewerbern kaum retten. Im Jahr 2022 hatte ihr Betrieb noch vier Angestellte, ein Jahr später sind es zwanzig. Als wir telefonierten, arbeitete Hansen gerade einen neuen Kollegen ein und berichtete, 30 weitere Interessierte auf ihrer Warteliste zu haben. »Ich könnte sogar noch mehr Malerinnen und Maler einstellen oder ausbilden, doch wir wollen uns nicht überfordern«, sagte Hansen.

Die Malermeisterin aus Osterby war mutig, ging voran, passte sich dem Zeitgeist an – und profitierte davon. Natürlich musste sie Preise anheben und Produkte verteuern, doch dafür haben ihre Kundinnen und Kunden Verständnis, denn die Alternative wäre, gar keine Malerarbeiten durchzuführen. Hansen löste sich von alten Vorstellungen von Arbeit und setzte neue Ideen konsequent um. So wie sie müssen viele Unternehmen handeln, wenn sie in Zukunft Angestellte finden und für Arbeit begeistern wollen.

*

Was die Malermeisterin Hansen im Kleinen bereits umgesetzt hat, sollte es im Großen für das ganze Land geben. Es ist inzwischen mehr als hundert Jahre her, dass Gewerkschaften den Achtstundentag durchsetzten. Seitdem gilt (zumindest offiziell), dass der Mensch am Tag acht Stunden arbeitet, acht Stunden Freizeit hat und acht Stunden schläft – vor dieser Errungenschaft waren Arbeitsschichten von bis zu 16 Stunden am Tag weit verbreitet. Nach Einführung des Achtstundentages dauerte es fast 50 Jahre, bis die Arbeitszeit der Menschen in Deutschland abermals angepasst wurde.[189] Mit der Aktion »Samstags gehört Vati mir« warben die Arbeitnehmervertreter für die 40-Stunden-Woche – und damit für den freien Samstag und Sonntag. Bis dahin war es nämlich üblich, zwar nur acht Stunden pro Tag zu arbeiten, aber dafür am Wochenende: acht Stunden am Tag, sechs Tage in der Woche. Im Jahr 1965 beschloss dann die Bundesrepublik und zwei Jahre später auch die DDR, die Fünftagewoche gesetzlich einzuführen.

Und ja, heute haben wir mehr Urlaubstage und gehen früher in Rente – und doch arbeiten wir noch genauso viel wie damals. Und das, obwohl wir heute produktiver sind als je zuvor und mehr Technik eingesetzt wird, als vor 50 Jahren überhaupt vorstellbar war. Zwar ist die durchschnittliche wöchentliche Arbeitszeit eines Menschen hierzulande auf 34,7 Stunden in der Woche gesunken, doch das liegt hauptsächlich daran, dass so viele Frauen in Teilzeit beschäftigt sind.[190] An der Arbeitszeit der Vollzeitbeschäftigten hat sich nichts geändert, sie liegt weiterhin bei 40,5 Wochenstunden. Nein, auch wenn Wirtschaftsbosse oder Politikerinnen und Politiker gerne das Gegenteil behaupten: In Deutschland wird nicht zu wenig gearbeitet. Es ist an der Zeit, wieder über die Wochenstunden der Menschen zu sprechen, wenn nötig zu streiten. Und zwar über das richtige Modell.

Es ist an der Zeit, über die Viertagewoche zu reden.

In Belgien gibt es die Viertagewoche bereits, und zwar mit einem Weg, den sich auch in Deutschland sicher viele Unternehmen vorstellen könnten – auch Politikerinnen wie die bayerische Arbeitsministerin Ulrike Scharf. Die CSU-Politikerin forderte 2022, den Achtstundentag und die gesetzliche Höchstarbeitszeit abzuschaffen.[191] Auch um dafür zu sorgen, dass Angestellte flexibler arbeiten können. In Belgien geht das bereits, dort dürfen Arbeitnehmerinnen und Arbeitnehmer seit 2022 ihre Arbeitswoche auf vier Tage verkürzen und ihre 38 Wochenstunden frei verteilen.[192] Das macht Arbeit flexibler, die Woche planbarer, und sicherlich ist es schön, den Freitag frei zu haben. Und doch führt dieses Modell wohl kaum dazu, dass Angestellte weniger belastet und besser erholt sind oder mehr Zeit für Care-Arbeit oder ein Ehrenamt haben. Nein, eine Vollzeitstelle sollte nicht in vier Tage gepresst werden, wenn die Arbeitszeit dieselbe bleibt. Allein schon aus Gründen, für die es in Deutschland sinnvolle Gesetze gibt. Wer regelmäßig neun oder sogar zehn Stunden am Stück arbeitet, kann das nicht konzentriert tun.

In Deutschland gilt gesetzlich der Achtstundentag, der nur in Ausnahmen auf zehn Arbeitsstunden ausgedehnt werden darf.[193] Beispielsweise für Bereitschaftsdienste, wie sie Feuerwehrmänner, Ärztinnen oder Rettungssanitäter manchmal haben. Und zwischen diesen Diensten ist es gesetzlich festgehalten, dass eine Ruhepause von elf Stunden garantiert sein muss. Wer länger als vorgeschrieben arbeitet, muss in den Tagen darauf weniger arbeiten. Außerdem gibt es eine Höchstarbeitszeit von 48 Stunden in der Woche – auch diese darf nicht dauerhaft überschritten werden. Und das sollte auch so bleiben.

Es sollte also nicht darum gehen, dieselbe Arbeitszeit einer Vollzeitstelle auf weniger Tage zu verteilen, sondern darum, effektiv weniger in der Woche zu arbeiten. Was es braucht, ist eine Viertagewoche bei vollem Lohnausgleich – bundesweit, in allen Branchen. Und das ist auch umsetzbar, wie Studien zeigen. Entgegen den vielen Vorurteilen, die es noch immer gegen die Viertagewoche gibt. Blickt man denen nämlich ehrlich ins Gesicht, sieht man schnell, dass sie nur eine Fassade sind, um sich am alten Arbeitszeitmodell festklammern zu können.

*

Viele Gegner behaupten: Deutschland wird unproduktiver, wenn plötzlich alle Angestellten weniger arbeiten. Doch es ist falsch, sich nur die reine Arbeitszeit der Menschen anzuschauen. Die abgearbeiteten Wochenstunden entscheiden nicht darüber, wie viel ein Arbeitnehmer leistet. Unter Produktivität wird die Wertschöpfung verstanden, also das, was letztendlich in der geleisteten Arbeitszeit entsteht. Und diese Produktivität ist in den vergangenen Jahrzehnten kontinuierlich gestiegen, auch wenn die kollektive Arbeitszeit leicht gesunken ist.[194] Fragt man die Angestellten, ergibt sich dazu auch ein klares Bild: Acht von zehn Arbeitnehmerinnen und Arbeitnehmern in Deutschland zwischen 18 und 42 Jahren sind sich sicher, an vier Tagen dieselbe Arbeit wie an fünf Tagen schaffen zu können.[195] Und zwar ohne an den restlichen Tagen länger arbeiten oder Überstunden machen zu müssen. Je jünger die Befragten, desto eher sind sie davon überzeugt, weniger arbeiten zu können und gleich produktiv zu bleiben, wie eine Befragung des Karriereportals Jobteaser zeigt. Es ist also völlig falsch, die reine Arbeitszeit mit Leistung gleichzusetzen und davon auszugehen, dass das eine nachlässt, wenn das andere sinkt. Im Gegenteil, die Viertagewoche könnte sogar zu mehr Produktivität führen und hätte einen weiteren Vorteil: Arbeit würde gerechter verteilt werden.

Die Soziologin Jutta Allmendinger glaubt, dass von einer Viertagewoche vor allem Frauen profitieren würden.[196] Und das aus zwei Gründen: Erstens könnten Frauen in einer solchen Arbeitswelt häufiger ihr Potenzial ausschöpfen und ihre Teilzeitstellen aufstocken. Die Ungleichheit zwischen den Geschlechtern würde geringer werden, denn Frauen könnten mehr verdienen, der Gender-Pay-Gap könnte schwinden. Auch würden in der Folge Frauen häufiger aufsteigen, Karriere machen und in Führungspositionen kommen, wenn sie künftig an vier Tagen in Vollzeit statt wie heute an drei Tagen in Teilzeit arbeiten. Zumindest wäre es für sie einfacher möglich, im Unternehmen sichtbarer zu sein, sich zu beweisen und eine Führungsposition zu übernehmen.

Zweitens würde die Viertagewoche dazu führen, dass Männer weniger arbeiten – und damit auch viele Väter. Sie hätten einen zusätzlichen freien Tag und könnten diesen nutzen, um sich mehr in die Familie einzubringen, falls sie das noch nicht tun. Sie könnten die Kinder in die Kita und zu Arztterminen bringen, sie vom Sportverein abholen und nachmittags mit ihnen die Hausaufgaben machen. Laut Befragungen wären viele Männer dazu bereit, einige wünschen sich das sogar, nur setzen sie es in der Realität zu selten um.[197] Auch weil sie tendenziell mehr arbeiten als ihre Partnerinnen, was sich aufgrund des Ehegattensplittings für eine Familie in Deutschland steuerlich und finanziell immer noch mehr lohnt, als alles gerecht aufzuteilen.

Mit einer Viertagewoche sollte sich das ändern. Dann gäbe es auch keine Ausreden mehr, weshalb sich Väter nicht mehr zu Hause einbringen. Der Slogan der Arbeiterbewegung »Samstags gehört Vati mir« könnte ersetzt werden durch »Freitags gehört Vati mir, montags Mutti«. Dasselbe würde für die restliche Care-Arbeit zu Hause gelten. Frauen hätten mehr Zeit, um einer Erwerbsarbeit nachzugehen, während ihre Partner zu Hause die Wäsche waschen, den Müll rausbringen und für die Kinder kochen. Oder, was auch für immer mehr Familien belastend ist, Angehörige pflegen. Denn auch die Pflege der eigenen Eltern oder Großeltern oder von Verwandten mit Beeinträchtigungen wird meistens von Frauen übernommen – unter anderem, weil Männer zu viel arbeiten und ihre Partnerinnen in Teilzeit angestellt sind. Die gesetzliche Viertagewoche für alle könnte das verändern und wäre damit nicht nur sinnvoll, sondern auch zeitgemäß und progressiv. Das Modell hätte laut der Soziologin Allmendinger den Vorteil, dass sich Eltern besser aufteilen könnten, das Familienleben wäre einfacher und das Zusammenleben zwischen Frau und Mann gleichberechtigter.

Die Viertagewoche könnte die Aufteilung von Care-Arbeit grundlegend ändern.

*

Auch könnte eine Viertagewoche dazu führen, dass Menschen in ihrem Erwerbsleben weniger, aber dafür länger arbeiten können. Heute ist es in Deutschland so, dass viele Menschen früher in Rente gehen, als es gesetzlich vorgesehen ist. Frauen gehen im Schnitt mit 64,2 Jahren in den Ruhestand, Männer mit 64,1 Jahren.[198] Dabei reden wir vom Durchschnitt. Viele Menschen gehen also deutlich früher in Rente – und diese Zahl steigt. Betroffene gingen im Jahr 2022 im Schnitt 27,7 Monate vor dem regulären Renteneintritt in den Ruhestand. Zum Vergleich: 2020 lag die Zahl noch bei rund 27 Monaten.[199] Das liegt an Menschen, die das Modell der abschlagsfreien Rente mit 63 Jahren in Anspruch nehmen, aber auch an jenen, die in Rente gehen und dafür Kürzungen akzeptieren.[200] Diese Menschen hören früher auf zu arbeiten, weil sie es körperlich oder psychisch nicht schaffen, bis zum vorgesehenen Ende zu arbeiten. Das führt zu mehr Altersarmut, vor allem bei Frauen. Und auch dazu, dass dem Arbeitsmarkt früher die dringend gesuchten Fachkräfte fehlen.

Dieser Trend dürfte sich wohl verstärken, wie der Arbeitswissenschaftler Hans Martin Hasselhorn von der Universität

Wuppertal herausgefunden hat.[201] Er hat Menschen befragt, die in den nächsten zehn Jahren in Rente gehen werden. Nur zehn Prozent der Befragten planten, bis zur Regelaltersgrenze zu arbeiten. Einerseits, weil sie nicht länger wollen, andererseits, weil sie körperlich nicht länger können. Laut einer Befragung der Hans-Böckler-Stiftung bezweifeln rund 25 Prozent aller Beschäftigten, dass sie in ihrem aktuellen Job bis zum Rentenalter durchhalten können.[202] Andere Beschäftigte können sich das finanziell nicht leisten, arbeiten länger – und sterben dadurch früher. Es ist statistisch erwiesen, dass man früher stirbt, wenn man länger arbeitet und dadurch später in Rente geht. Han Ye ist Professorin an der Universität Mannheim und hat diesen Effekt mit Kolleginnen der Universität Barcelona untersucht.[203] Dazu haben die Forscherinnen und Forscher zahlreiche Sozialversicherungsdaten aus dem spanischen Rentensystem analysiert. Dort können Menschen seit einer Reform aus dem Jahr 1967 erst mit 65 statt 60 Jahren aufhören zu arbeiten. Doch es gibt eine Ausnahme: Wer schon vor dem 1. Januar 1967 Beiträge in das Rentensystem eingezahlt hat, kann ohne Kürzungen bereits mit 60 Jahren in Rente gehen. Han Ye konnte sich für ihre Studie also diejenigen anschauen, die im selben Jahr geboren wurden, aber unterschiedlich lange ins Rentensystem eingezahlt haben und dementsprechend fünf Jahre früher oder später nicht mehr arbeiten müssen. Ihre Ergebnisse zeigen: Wer nicht in den Ruhestand geht, sondern arbeitet, hat in jedem weiteren Arbeitsjahr im Alter von 60 bis 69 Jahren ein um 4,2 Prozentpunkte höheres Sterberisiko. Und zwar im direkten Vergleich zu denjenigen, die früher in Rente gehen.

Besonders betroffen sind dabei diejenigen mit Berufen, in denen es häufig zu Arbeitsunfällen kommt. Also zum Beispiel im Bausektor oder in der Fertigung. Außerdem sterben Rentnerinnen und Rentner früher, die in ihren Jobs psychisch belastet waren und viel Stress hatten. Wer also einen psychisch oder körperlich anstrengenden Beruf hat und im Alter länger arbeiten muss, lebt kürzer. Das ist eine doppelte Ungerechtigkeit, die bis zu dieser Studie nur selten diskutiert wurde.

Han Ye und ihre Kolleginnen und Kollegen haben das nicht nur statistisch nachgewiesen, sondern stellen auch Überlegungen darüber an, was sich ändern müsste, damit dieser Ungerechtigkeit entgegengewirkt werden kann. Sie sprechen sich dafür aus, dass Menschen in solchen Berufen früher umgeschult werden, damit sie im hohen Alter andere Aufgaben übernehmen können. Dass also der Dachdecker in seinen letzten Berufsjahren nicht mehr Ziegel verlegt oder hoch oben auf Gerüsten arbeitet, sondern in der Verwaltung eingesetzt wird. Oder dass ein Maler im Alter die Bauprojekte und Einsätze plant, mit den Kundinnen und Kunden spricht und dafür seltener selbst Hausfassaden streicht. Oder dass sich die Pflegekraft um Dienstpläne kümmert und Seniorinnen und Senioren zwar betreut, aber nicht mehr körperlich anstrengend pflegt.

Auch halten die Forscherinnen und Forscher die Idee einer Teilzeitrente für sinnvoll, die in Deutschland noch zu selten in Anspruch genommen wird. In dieser sogenannten Altersteilzeit können Angestellte ab einem Alter von 55 Jahren schrittweise in Rente gehen. Beispielsweise dadurch, dass Beschäftigte in den letzten Jahren vor dem Renteneintritt nur noch halb so viele Arbeitsstunden in ihrem eigentlichen Job tätig sind und den Rest der Zeit in einer Art vorgezogenen Ruhestand sind. Noch lohnt sich dieses Modell in Deutschland aber nur für Besserverdiener und sollte angepasst werden, damit es mehr Menschen nutzen können. Gleichzeitig fordern die Wissenschaftlerinnen und Wissenschaftler flexible Renteneintrittszeiten, sodass der Handwerker mit 60 Jahren, die Lehrerin mit 65 Jahren und der Journalist erst mit 70 Jahren in Rente gehen kann – jeder so flexibel wie möglich, wie es demjenigen am besten passt. Heute ist es oft bürokratisch und kompliziert, wenn jemand länger arbeiten will, und gleichzeitig aufwendig und wenig lukrativ, wenn jemand früher aufhören muss. Noch ist Deutschland da recht rückständig, sieht klare und starre Altersgrenzen für die meisten Menschen vor und erschwert es denjenigen, die früher oder später in den Ruhestand gehen wollen oder müssen.

Vor allem aber empfehlen die Forscherinnen und Forscher der Studie eine Viertagewoche für alle, sodass Menschen, über ihr gesamtes Arbeitsleben gesehen, weniger arbeiten und dadurch länger im Berufsleben sein können. Wer über alle Arbeitsjahre hinweg weniger arbeitet, wird seltener krank und ist weniger erschöpft. Das zeigt sich dann auch im Alter. Diese Menschen können später in Rente gehen und länger arbeiten, weil sie nicht so stark belastet sind. Die bezahlte Viertagewoche ist also nicht nur etwas, das die Jungen einfordern sollten. Sie hätte nicht nur in ferner Zukunft Vorteile, sondern schon jetzt für ältere Angestellte und Unternehmen. Gerade in Zeiten des Fachkräftemangels würde sie nicht dazu führen, dass sich dieser Mangel verschärft, sondern dass weniger, aber produktiver und über mehr Jahre gearbeitet wird.

Mit einer Viertagewoche können Menschen später in Rente gehen.

*

Die Viertagewoche würde vieles bewirken – und wäre entgegen der Haltung vieler Kritikerinnen und Kritiker, typischerweise ältere Boomer, auch umsetzbar. Ja, es gibt Berufe und Unternehmen, in denen sie einfacher umzusetzen wäre. Man denke an die Werbeindustrie, Beratungsagenturen oder Anwaltskanzleien. Berufe, die nicht von Öffnungszeiten abhängig sind und in denen Menschen ihre Aufträge und Projekte flexibel abarbeiten und sich die Arbeit einteilen können. In anderen Branchen wie der Pflege, in Schulen oder Kindertagesstätten bräuchte es andere Dienstpläne und neue Schichtpläne – doch auch das dürfte machbar sein. Gerade in diesen Branchen arbeiten heute schon die allermeisten Angestellten in Teilzeit. Und auch mit einer Fünftagewoche sind Kliniken und Seniorenheime schon heute auch an den Wochenenden und zu allen Uhrzeiten besetzt. Eine gesetzliche Viertagewoche würde daran nichts ändern.

An manchen Stellen wird es künftig mehr Personal brauchen, aber das dürfe auch leichter zu finden sein, wenn sich durch die Viertagewoche die Arbeitsbedingungen verbessern und dadurch wiederum mehr Menschen ihre Arbeitszeit aufstocken oder in den Beruf zurückkehren, den sie wegen der hohen Belastung verlassen haben. Studien zeigen beispielsweise, dass Deutschland mindestens 300 000 Pflegekräfte mehr zur Verfügung stünden, wenn die Arbeitsbedingungen besser wären.[204] Sie können sich den Wiedereinstieg vorstellen oder würden zumindest ihre Arbeitszeit aufstocken, wenn sie flexibler wären. Gerade in Zeiten des Fachkräftemangels muss es darum gehen, Arbeit attraktiver zu machen, damit sich noch Personal für die sozialen Berufe findet – eine Viertagewoche würde ihren Teil dazu beitragen.

Immer mehr Berufstätige entdecken das Modell bereits heute für sich. Zum Beispiel eine Controllerin, die vor sechs Jahren beschloss, dass Arbeit für sie nicht mehr das Wichtigste im Leben sein sollte. Im vergangenen Jahr sprachen wir mit ihr über ihren Job in der Abrechnungsabteilung eines Krankenhauses.[205] In den ersten fünf Jahren habe sie für den Beruf alles gegeben, sagt sie. Natürlich in Vollzeit, selbstverständlich mit Überstunden, notfalls auch für wenig Geld. Doch im Alter von 33 Jahren habe sie gemerkt, dass sie am Ende des Monats zwar etwas Geld übrig hatte, sich von ihren Ersparnissen aber niemals eine Eigentumswohnung würde leisten können. »Ich wollte erst mal mehr Gehalt verhandeln, doch dem hat die Personalabteilung nicht zugestimmt«, sagte sie. Dann habe sie sich eine Frage gestellt: Warum so viel arbeiten, wenn es sich nicht lohnt? Ihre Antwort: »Wenn ich mit meinem Gehalt nichts investieren und kaum etwas sparen kann, will ich lieber mehr Freizeit haben.« Sie entschied sich dafür und beantragte Teilzeit. Das geht immer, auch wenn viele Menschen das nicht wissen: Es gibt ein gesetzliches Recht dazu, das fast jedem Angestellten zusteht. Wer weniger arbeiten will, darf das auch, sofern man seit mindestens sechs Monaten beschäftigt ist und der Arbeitgeber mehr als 15 Personen angestellt hat. Dann kann man schriftlich einfordern, weniger arbeiten zu wollen. In der Regel muss der Arbeitgeber das innerhalb von drei Monaten akzeptieren und umsetzen. Lehnt er den Antrag ab, muss er das mit betrieblichen Gründen erklären – und das ist selten möglich.

Auch gibt es das gesetzliche Recht auf eine Brückenteilzeit. Diese gilt, wenn es im Unternehmen mindestens 45 Beschäftigte gibt.[206] Dann muss der Arbeitgeber den Wunsch auf Teilzeit umsetzen und auch dafür sorgen, dass der Angestellte beispielsweise nach einem oder zwei Jahren wieder ein Recht auf Rückkehr in den Vollzeitjob hat. Die Controllerin tat genau das, reduzierte ihre Arbeitszeit und ging runter auf eine Viertagewoche mit 33 Stunden, dann auf 30 Stunden. Sie verdiente dadurch weniger, sagt aber heute: »Das ist es mir wert.« Denn sie könne flexibel arbeiten, habe drei kürzere und zwei längere Arbeitstage. »So kann ich nachmittags mal mit Freunden Kaffee trinken gehen oder Dinge erledigen, um dann ein wirklich freies Wochenende zu haben«, sagt sie.

Wie der Controllerin geht es vielen Menschen in Deutschland. Auch die Älteren hätten laut Umfragen gerne eine Viertagewoche. 70 Prozent derer, die älter als 40 Jahre alt sind, wünschen sich das Modell.[207] Auch der 64-jährige Geologe Georg Walber entschied sich, auf eine Viertagewoche zu gehen.[208] Zuvor kam er nach einem sogenannten migränösen Infarkt ins Krankenhaus. »Eine stressbedingte Migräne«, sagt Walber. Danach habe er den Rest des Jahres nur noch vier Tage in der Woche gearbeitet, indem er Überstunden abgebaut hat. Sein Chef war damit einverstanden. Weber habe sich besser gefühlt, sei viel zufriedener gewesen, aber dann waren seine Überstunden weg. Zurück zur 40-Stunden-Woche ging es für ihn nicht lange, dann erkrankte er an Corona, kam für drei Wochen ins Krankenhaus. »Ich bin da gerade noch lebend wieder herausgekommen«, sagt er. Nach dieser Erfahrung war ihm klar, dass er sein Leben nicht nur mit Arbeit verbringen will. Er reduzierte seine Arbeitszeit dauerhaft – und das sogar als Führungskraft: Er leitet für ein Ingenieurbüro eine der Außenstellen. Heute arbeitet er nur noch 30 Stunden in der Woche und kann sich gut vorstellen, damit sogar länger zu arbeiten und erst später in Rente zu gehen.

70 Prozent der über 40-Jährigen wünschen sich eine Viertagewoche.

Geschichten wie diese zeigen, dass weniger Arbeit glücklicher und gesünder machen kann und es eine gesetzliche Viertagewoche für alle braucht. Denn sonst entsteht eine soziale Ungleichheit, die unsere Gesellschaft weiter spalten dürfte – wenn nämlich die ohnehin schon privilegierten Akademikerinnen und Akademiker und die besonders gefragten Hochqualifizierten für sich die voll bezahlte Viertagewoche heraushandeln, die Pflegekräfte und Polizisten aber weiterhin an fünf Tagen in der Woche arbeiten müssen. Einen solchen Zustand, in dem Gutverdiener weniger arbeiten und mehr verdienen, alle anderen aber nicht, müssen wir politisch verhindern. Deshalb braucht es eine Viertagewoche, die für alle und nicht nur für einige wenige gilt. Jeder sollte seine Arbeit auch in weniger Stunden und Tagen erledigen können. Das ist in vielen Berufen direkt möglich, in allen anderen sollte für mehr Personal gesorgt werden, beispielsweise durch eine bessere Bezahlung.

*

Auf jeden Fall sollte die Viertagewoche rasch bundesweit getestet werden. Manche Länder gehen dabei voran: Es gibt Pilotprojekte in Neuseeland, Japan und Südafrika. Auch in Europa gehen Staaten das an, in Frankreich gibt es schon lange die 35-Stunden-Woche für alle und ein gut ausgebautes Kita-System.[209] In Schweden wird der Sechsstundentag in verschiedensten Unternehmen getestet.[210] In Island gibt es seit dem Jahr 2021 ein gesetzliches Recht auf eine 35-Stunden-Woche bei vollem Lohnausgleich. In Luxemburg oder der Schweiz verdienen Angestellte ohnehin so viel, dass sie ohne Probleme ihre Arbeitszeit reduzieren können.[211] Auch in Spanien läuft seit dem Jahr 2023 ein nationales Pilotprojekt.[212] Unternehmen konnten sich bewerben, um an dem landesweiten Test der bezahlten Viertagewoche teilzunehmen. Die Regierung stellt dafür 9,6 Milliarden Euro bereit und fördert Unternehmen mit mehr als 250 Angestellten finanziell, wenn sie das Modell einführen und sich dabei wissenschaftlich begleiten lassen.

In Großbritannien wurde die Viertagewoche bereits erfolgreich getestet.[213] 61 Unternehmen mit insgesamt 2900 Angestellten nahmen an einem sechsmonatigen Pilotprojekt teil, das von Forschern aus Boston und Cambridge begleitet wurde. Die Ergebnisse waren durchweg positiv: Die Krankheitstage der Angestellten gingen um 65 Prozent zurück, auch kündigten 57 Prozent weniger Beschäftigte als sonst. Vier von zehn Arbeitnehmern gaben an, sich weniger gestresst zu fühlen und produktiver zu arbeiten als vor Beginn der Testphase. Auch konnten die Forscherinnen und Forscher einen Rückgang an Burn-out-Erkrankungen beobachten und durch Interviews erfahren, dass die meisten Beschäftigten ihre freie Zeit für die Familie, Freunde oder mehr Sport nutzten. Und nicht nur das: Die beteiligten Unternehmen konnten ihren Umsatz während des Pilotprojekts um 1,4 Prozent steigern. Auch weil die bereits beschriebene Produktivität in dem Versuch gestiegen ist. Denn diejenigen Angestellten, die weniger arbeiten mussten, waren motivierter. Sie identifizierten sich stärker mit ihrem Arbeitgeber und fühlten sich erholter. Ausschlaggebend dafür war, dass die Unternehmen nicht einfach die Viertagewoche eingeführt, sondern damit auch Innovationen verbunden haben: Unnötige Meetings wurden abgeschafft, andere gekürzt. Viele Firmen haben eine Fokuszeit eingeführt, in der Angestellte ungestört produktiv arbeiten können. Dann wurden zum Beispiel Einzelbüros nicht betreten, E-Mails und Anrufe nicht durchgestellt oder Konferenzen auf andere Zeiten verlegt. In der Folge haben die Beschäftigten nicht nur produktiver gearbeitet, sie fühlten sich dabei auch weniger gestresst. Da wundert es nicht, dass 56 der 61 Unternehmen auch nach Ende der Testphase bei flexiblen Arbeitszeiten und der Viertagewoche blieben.

In Deutschland gibt es bei dem Thema zumindest etwas Bewegung. Eine private Initiative will noch in diesem Jahr in 50 Unternehmen sechs Monate lang die Viertagewoche testen lassen und das Ganze wissenschaftlich begleiten.[214] Auch SPD-Chefin Saskia Esken forderte kürzlich die Viertagewoche, und die Gewerkschaft IG Metall bringt sie in Tarifverhandlungen ihrer Beschäftigten ein.[215] Und laut Umfragen wollen 81 Prozent der Angestellten in Deutschland lieber an vier Tagen in der Woche als an allen fünf Tagen arbeiten.[216] Bei den unter 30-Jährigen ist die Zustimmung am höchsten – 90 Prozent von ihnen wollen eine Viertagewoche für alle. Ihre Devise: Für immer Kurzarbeit!

Für immer Kurzarbeit!

Es wird nicht lange dauern, bis sich die Generation Anspruch durchsetzt und die Viertagewoche in ihren Betrieben und Berufen zum Standard macht. Genauso werden künftig mehr politische Parteien registrieren, wie groß das Bedürfnis nach einer Viertagewoche ist.

Kapitel 9

Die Arbeitswelt ändert sich nicht von allein

Wenn Arbeit häufig krank, selten reich und noch seltener glücklich macht, läuft etwas schief. Wenn Erwerbsarbeit nicht zu sozialem Aufstieg führt und dem Menschen keine Zeit mehr für Erholung bleibt, müssen wir erkennen, dass sich etwas verändern muss. Wenn Arbeit häufig sinnlos ist und den Menschen langweilt, sollte sie nicht so bleiben, wie sie ist. Genau dazu braucht es eine Generation, die dem Burn-out und dem Kapitalismus kündigt. Und junge Menschen, die Arbeit hinterfragen, die ihnen und dem Planeten schadet.

Arbeit muss sich verändern. Dabei will sich die Generation Anspruch nicht allein auf die Politik oder Gewerkschaften verlassen. Stattdessen wollen wir den Fachkräftemangel für uns nutzen und nur noch für Unternehmen arbeiten, für die man sich nicht schämen muss. Wir wollen uns mit unseren Arbeitgebern identifizieren und haben genau deshalb hohe Ansprüche an sie. Wir canceln Jobs, indem wir Stellen kündigen oder uns auf sie nicht mehr bewerben. Und wir verbessern Arbeit, indem wir all das transparent machen: schon beim Bewerbungsgespräch, in Gehaltsverhandlungen, in Streiks oder indem wir uns politisch engagieren.

Meine Generation verfolgt statt dem protestantischen Arbeitsethos der Boomer zehn Gebote für eine bessere Arbeitswelt:

10 Gebote für eine bessere Arbeitswelt

1. Du sollst dir nicht von Arbeit diktieren lassen, wer du bist.
2. Du sollst Freizeit einfordern, denn das hat nichts mit Faulheit zu tun.
3. Du sollst dich nicht krankarbeiten.
4. Du sollst keine Bullshitjobs annehmen.
5. Du sollst nicht dem falschen Götzen huldigen, der behauptet, dass Arbeit reich macht.
6. Du sollst die Angst vor der Arbeitslosigkeit loslassen.
7. Du sollst dem Kapitalismus kündigen.
8. Du sollst die Kurzarbeit ehren.
9. Du sollst nicht glauben, dass Arbeit alles ist.
10. Du sollst nicht darauf warten, dass andere die Arbeitswelt für dich ändern.

Das ist dringend notwendig. Die Menschen in Deutschland sind so alt wie nie zuvor. Nur jeder zehnte Mensch hierzulande ist zwischen 15 und 24 Jahren alt, wie Zahlen des Statistischen Bundesamts zeigen.[217] Wir leben in einer Rentnerrepublik. Da überrascht es nicht, dass junge Menschen nicht nur in der krassen Minderheit sind, sondern auch politisch nicht gehört und oft auch nicht verstanden werden.

Die Debatte um die neuen Ansprüche an Arbeit macht das deutlich. Der ehemalige Bundesinnenminister Thomas de

Maizière hat in einem Interview die Kritik an meiner Generation zuletzt so zusammengefasst: »Mit Mitte zwanzig drei, vier Tage die Woche zu Hause arbeiten, um gegen 22 Uhr bei Lieferando noch einen Champagner zu bestellen. Und der Lieferant in prekären Arbeitsverhältnissen radelt mit der Flasche im November durch den Regen, darf dann hochsteigen in den fünften Stock. So entsteht keine soziale Gesellschaft.«[218] Ganz abgesehen davon, dass der Mitte 20-Jährige eher auf dem Rad sitzt und den Champagner bei Boomern abliefert, als ihn zu bestellen, offenbart das nur die blinden Vorurteile gegenüber den Forderungen junger Menschen. De Maizière wehrt sich gegen die sogenannte Work-Life-Balance und versteht ganz augenscheinlich nicht, was junge Menschen darunter verstehen. »Der Faktor Arbeit sollte höher bewertet werden«, sagt er und ergänzt, dass ihm die Anspruchshaltung der Jungen »gegen den Strich geht«. Angeblich würden junge Menschen »zu viel an sich denken und zu wenig an die Gesellschaft«.

Wenn ich dies lese, werde ich wütend. Es geht jungen Menschen nicht darum, faul zu sein. Fragt man meine Generation, was sie mit mehr Freizeit tun würde, sind die Antworten eindeutig: Zwei Drittel der jungen Menschen würden laut einer Studie die frei gewordene Zeit in ihre Familie investieren, die Hälfte würde sie für die »Aufgaben des täglichen Lebens« nutzen.[219] Ein kleinerer Prozentsatz für mehr Sport und Freizeit. Dieser Generation vorzuwerfen, faul zu sein, entbehrt jeglicher Grundlage. Wer jung ist und weniger arbeiten will, tut das nicht, um noch mehr Netflix zu schauen oder auf Festivals zu gehen, sondern für die eigene Familie und die vielen Aufgaben, die täglich anfallen. Oder für politisches oder soziales Engagement.

Der Freiwilligensurvey aus dem Jahr 2022, eine Umfrage des Bundesfamilienministeriums, hat ergeben, dass sich 42 Prozent meiner Generation ehrenamtlich engagieren.[220] Auch ich habe nach meinem Abitur erst mal ein Freiwilliges Soziales Jahr in einem Projekt für benachteiligte Kinder gemacht. Viele meiner Freundinnen und Freunde engagieren sich bei der Tafel, retten Lebensmittel oder haben geflüchtete Ukrainerinnen bei sich zu Hause aufgenommen. Andere sind samstags ehrenamtlich Fußballschiedsrichter, geben mittwochs Sprachkurse oder engagieren sich auf Demonstrationen oder in Initiativen für den Klimaschutz.

Und trotzdem wird von de Maizière und anderen munter ein Bild verbreitet, dass den Eindruck vermittelt, junge Menschen seien egoistisch und unsolidarisch. Statt über die neuen Ansprüche an Arbeit zu sprechen und sich ernsthaft damit auseinanderzusetzen, fordern Politikerinnen und Politiker ein soziales Pflichtjahr für junge Menschen. Die CDU hat diesen Vorschlag im Jahr 2022 in ihr Parteiprogramm übernommen, auch Bundespräsident Frank-Walter Steinmeier sprach sich für einen solchen Pflichtdienst in sozialen Einrichtungen oder bei der Bundeswehr aus.[221] Die Menschen sollten sich »in den Dienst der Gesellschaft stellen« und »aus der eigenen Blase herauskommen«. Das verkennt einerseits, dass viele junge Menschen bereits einen Bundesfreiwilligendienst, ein Freiwilliges Soziales oder Ökologisches Jahr machen, insgesamt 94500 Menschen im Jahr.[222] Hinzu kommen mehrere Tausend junge Menschen, die sich im Ausland engagieren. Zusammengerechnet sind das mehr als jene, die in den letzten Jahren des Bestehens den früher üblichen Zivildienst absolviert haben. Andererseits sind diese Zahlen aber nicht entscheidend. Vielmehr geht es um die Haltung, die hinter solchen Forderungen steckt. Sie impliziert, dass man eine ganze Generation zu sozialem Verhalten zwingen müsse, die sich sonst nur eigennützig verhalten würde. Dass früher alles besser war und der junge Mensch heute dieses Erbe verrate. Gemeint ist aber dieselbe Generation, die sich in ihrer Freizeit auf Straßen klebt und Proteste organisiert und in Gefängnissen sitzt, damit unser Planet in Zukunft überhaupt noch bewohnbar ist. Doch anstatt das wahrzunehmen, wird das Narrativ der angeblich faulen Jugend gestützt.

Dieses Narrativ ist übrigens nicht wirklich originell. »Die heutige Jugend ist von Grund auf verdorben, sie ist böse, gottlos und faul«, stand schon 1000 Jahre vor Christus auf einer babylonischen Tontafel.[223] »Die Jugend von heute liebt den Luxus, hat schlechte Manieren und verachtet die Autorität«, schrieb Sokrates.[224] »Ich habe überhaupt keine Hoffnung mehr in die Zukunft unseres Landes, wenn einmal unsere Jugend die Männer von morgen stellt. Unsere Jugend ist unerträglich, unverantwortlich und entsetzlich anzusehen«, legte Aristoteles nach.[225] Der Sozialwissenschaftler David Finkelhor hat für dieses immer wiederkehrende negative Narrativ über junge faule Menschen sogar ein eigenes Wort erfunden: Juvenoia, eine Mischung aus Jugend und Paranoia.[226]

Diese Erzählung war damals falsch und ist es heute immer noch. Denn das Gegenteil ist der Fall: Die Generation Anspruch hat Lust, sich einzubringen, ist so politisch wie lange keine Generation mehr und wird die Arbeitswelt nicht nur für sich, sondern für alle zum Besseren verändern. Es darf nicht darum gehen, Generationen gegeneinander auszuspielen. Vielmehr muss es darum gehen, sich gegenseitig zu verstehen und gemeinsam für bessere Arbeit für alle zu sorgen.

Für viele der Forderungen braucht es keinen Protest und keine Partei. Zwei Faktoren sorgen dafür, dass sich ohnehin einiges verändern wird. Einerseits der Fachkräftemangel, der dazu führt, dass Unternehmen Angestellte brauchen und nicht umgekehrt – und sich deshalb den neuen Ansprüchen anpassen werden müssen. Andererseits die künstliche Intelligenz, die viele Jobs ersetzen oder zumindest ergänzen wird. Kein Unternehmen kann es sich in Zukunft leisten, diese beiden

Faktoren zu ignorieren. Und kein Land wird es verantworten können, sich nicht zu verändern.

Ich persönlich kenne nur jungen Menschen, die Bock auf Arbeit haben. Menschen, die in ihren Jobs etwas bewirken wollen und dafür auch bereit sind, eine Karriere anzustreben. Eine repräsentative Umfrage des Meinungsforschungsinstituts Yougov zeigt auch genau das. Dazu wurden 2500 Menschen im Alter von 16 bis 28 Jahren befragt. Mehr als die Hälfte von ihnen sagt, dass sie Karriere machen und Geld verdienen wollen.[227] 81 Prozent gaben an, dazu bereit zu sein, viel zu leisten, wenn sie einen Sinn in ihrer Arbeit sehen. Wir reden hier nicht von einer faulen Generation, die nicht mehr arbeiten will. Sondern von der Generation Anspruch, die anders und besser arbeiten will, als es ihre Eltern und Großeltern je getan haben. Und im Gegensatz zu ihnen erstmals die Macht dazu haben, ihre Ansprüche an Arbeit auch durchzusetzen. Sie werden als Berufsanfänger und Angestellte und später als Führungskräfte und Entscheider dazu beitragen, dass die Arbeitswelt für alle besser wird. Darüber sollte man sich nicht ärgern, es auch nicht einfach nur hinnehmen. Für diesen Anspruch sollte man dankbar sein.

Quellen

1 Statistisches Bundesamt (2023): Sozialversicherungspflichtig Beschäftigte am Arbeitsort nach Altersgruppen (https://www.destatis.de/DE/Themen/Arbeit/Arbeitsmarkt/Erwerbstaetigkeit/Tabellen/altersgruppen.html)

2 Stahl, Stefan (2023): »Wir sind ein Einwanderungs-Anfänger« (https://www.augsburger-allgemeine.de/wirtschaft/interview-andrea-nahles-wir-sind-ein-einwanderungs-anfaenger-id65562246.html)

3 Guthardt, Steffen (2023): »Wir sind kein Hobbyland« (https://www.deutsche-handwerks-zeitung.de/ministerpraesident-soeder-wir-sind-kein-hobbyland-296155/)

4 Braun, Stefan (2023): »Wir brauchen mehr Bock auf Arbeit« (https://table.media/berlin/analyse/wir-brauchen-mehr-bock-auf-arbeit/)

5 Schmollack, Simone (2022): »Generation Anspruch« (https://www.deutschlandfunkkultur.de/work-live-balance-anspruchshaltung-juengere-generation-100.html)

6 Deutsche Industrie- und Handelskammer (2023): Fachkräfteengpässe nehmen zu (https://www.dihk.de/de/themen-und-positionen/fachkraefte/beschaeftigung/trotz-schwieriger-wirtschaftslage-fachkraefteengpaesse-nehmen-zu-89118)

7 Deutsche Industrie- und Handelskammer (2023): Fachkräfteengpässe nehmen zu (https://www.dihk.de/de/themen-und-positionen/fachkraefte/beschaeftigung/trotz-schwieriger-wirtschaftslage-fachkraefteengpaesse-nehmen-zu-89118)

8 Institut für Arbeitsmarkt- und Berufsforschung (2023): IAB-Stellenerhebung für das erste Quartal 2023 (https://iab.de/presseinfo/iab-stellenerhebung-erstes-quartal/)

9 Institut für Arbeitsmarkt- und Berufsforschung (2021): Nur mit einer jährlichen Nettozuwanderung von 400.000 Personen

bleibt das Arbeitskräfteangebot langfristig konstant (https://iab.de/presseinfo/nur-mit-einer-jaehrlichen-nettozuwanderung-von-400-000-personen-bleibt-das-arbeitskraefteangebot-langfristig-konstant/)

10 Amjahid, Mohamed (2023): »Oh wow« (https://taz.de/Deutschland-fuer-Fachkraefte-unattraktiv/!5918453/)

11 Hagelüken, Alexander (2021): »Wir brauchen 400.000 Zuwanderer pro Jahr« (https://www.sueddeutsche.de/wirtschaft/zuwanderung-arbeitsmarkt-coronakrise-afd-1.5390143?reduced=true)

12 Gutensohn, David (2023): So findet man Fachkräfte (https://www.zeit.de/arbeit/2023-01/personalmangel-arbeitsmarkt-unternehmen-bewerber-wartelisten)

Kapitel 1

Arbeit bestimmt nicht, wer ich bin

13 Newport, Carl (2022): »The year in quiet quitting« (https://www.newyorker.com/culture/2022-in-review/the-year-in-quiet-quitting)

14 Blasberg, Anita (2022): Stell dir vor, es ist Kapitalismus und niemand geht hin (https://www.zeit.de/arbeit/2022-10/quiet-quitting-arbeitsmarkt-einkommensverteilung-kapitalismus)

15 Hagelüken, Alexander (2019): Rente erhöht bei Besserverdienenden die Sterblichkeit (https://www.sueddeutsche.de/wirtschaft/rente-gesundheit-studie-1.4552043)

16 Gehmilch, Pierre (2022): Mit 72 noch auf der Baustelle (https://www.tagesschau.de/wirtschaft/konjunktur/rentner-fachkraefte-arbeitsmarkt-101.html)

17 Peter, Tobias (2022): Immer mehr Menschen müssen im Rentenalter arbeiten (https://www.rnd.de/politik/rente-mehr-als-eine-million-menschen-im-alter-von-mindestens-67-jahren-gehen-arbeiten-OKIIU2XAFZC5TBD4L7DSTWT5GU.html)

18 ifo Institut (2023): Personalpolitische Auswirkungen durch den demografischen Wandel (https://www.ifo.de/fakten/2023-07-10/personalpolitische-auswirkungen-durch-den-demografischen-wandel)

19 Emendörfer, Jan (2023): »Fast jeder fünfte Rentner lebt in Altersarmut« (https://www.rnd.de/politik/altersarmut-rund-18-prozent-der-rentner-rutschen-unter-die-armutsgrenze-UE74DTBNYBBZDBLCDJ2CG6M5GE.html)

20 Seibert, Evi (2023): »Rutschbahn in die Altersarmut« (https://

www.tagesschau.de/inland/gesellschaft/altersarmut-frauen-101.html)

21 Schröder, Catalina (2022): Noch erfüllt oder schon überlastet? (https://www.deutschlandfunkkultur.de/arbeit-als-lebens inhalt-noch-erfuellt-oder-schon-ueberlastet-100.html)

22 Muschalla, Beate (2023): Arbeitsplatzbezogene Ängste und Arbeitsplatzphobie, Kohlhammer Verlag

23 Nonnenmacher, Alexandra (2009): Ist Arbeit eine Pflicht?, VS Verlag für Sozialwissenschaften

24 Böhnke, Andrea (2023): Die Geschichte der Arbeit (https://www.planet-wissen.de/gesell schaft/arbeit/die_geschichte_der_arbeit/index.html)

25 Ebd.

26 Ebd.

27 Schneider, Gert (2023): Manufaktur (https://www.bpb.de/kurz-knapp/lexika/das-junge-politik-lexikon/320760/manufaktur/)

28 Böhnke, Andrea (2023): Die Geschichte der Arbeit (https://www.planet-wissen.de/gesell schaft/arbeit/die_geschichte_der_arbeit/index.html)

29 Günter, Carsten (2023): Geschichte der Gewerkschaften (https://www.planet-wissen.de/gesellschaft/organisationen/gewerkschaften/gewerk schaften-geschichte-100.html)

30 Hosan, Bastian (2021): So erstreikten sich Arbeiter den ersten deutschen Tarifvertrag (https://www.capital.de/wirtschaft-politik/history-crime/so-erstreikten-sich-arbeiter-den-ersten-deutschen-tarif vertrag-30731344.html)

31 Bäcker, Gerhard (2020): Bismarcks Sozialgesetze (https://www.bpb.de/themen/soziale-lage/rentenpolitik/289619/bismarcks-sozialgesetze/)

32 Hinrichs, Benjamin (2023): Was »Arbeit macht frei« wirklich bedeutet (https://krautreporter.de/4773-was-arbeit-macht-frei-wirklich-bedeutet)

33 Sander, Daniel (2022): »Die Deutschen glauben, sie seien fleißiger, pünktlicher und besser« (https://www.zeit.de/arbeit/2022-08/nationalsozialis mus-arbeit-antisemitismus-nikolas-lelle/komplettansicht)

34 Schneider, Gerd (2023): DDR (https://www.bpb.de/kurz-knapp/lexika/das-junge-politik-lexikon/320048/ddr/)

35 Zeitklicks (2023): Arbeit im Arbeiter- und Bauernstaat (https://www.zeitklicks.de/ddr/alltag/leben-in-der-ddr/arbeit-im-arbeiter-und-bauernstaat)

36 Ebd.

37 Gutensohn, David (2023): »Arbeit darf nicht zur geistigen Verarmung führen« (https://www.zeit.de/arbeit/2023-04/axel-honneth-arbeit-demokratie-grundein kommen-philosophie)

38 Gutensohn, David (2023): Am besten nur noch Teilzeit (https://www.zeit.de/arbeit/2023-03/work-life-balance-arbeit-glueck-geld)

Kapitel 2

Wer weniger arbeiten will, ist nicht faul

39 Bundesministerium der Justiz (2023): Arbeitszeitgesetz (https://www.gesetze-im-internet.de/arbzg/BJNR117100994.html)

40 Christof, Johannes (2018): Die November-Revolution machte es möglich (https://www.mdr.de/geschichte/weitere-epochen/weimarer-republik/acht-stunden-tag-deutschland-arbeit-einfuehrung-novemberrevolu tion-100.html)

41 Antwort der Bundesregierung (2022): Arbeitszeit und Überstunden in Deutschland (https://dserver.bundestag.de/btd/20/032/2003202.pdf)

42 Statistisches Bundesamt (2022): 4,5 Millionen Arbeitnehmerinnen und Arbeitnehmer haben 2021 Mehrarbeit geleistet (https://www.destatis.de/DE/Presse/Pressemitteilungen/2022/07/PD22_N042_122.html)

43 Antwort der Bundesregierung (2022): Arbeitszeit und Überstunden in Deutschland (https://dserver.bundestag.de/btd/20/032/2003202.pdf)

44 Albrecht, Fabian (2022: Christian Lindner fordert mehr Überstunden und weniger Steuern (https://www.zeit.de/politik/deutschland/2022-06/christian-lindner-ueberstunden-kriegssoli)

45 Gutensohn, David (2023): Noch mehr Überstunden? Bitte nicht. (https://www.zeit.de/arbeit/2023-06/cdu-ueber stunden-mehrarbeit-steuerliche-foerderung)

46 Hofmann, Robert (2023): Dieser Forscher zerlegt alle Argumente gegen die Viertagewoche (https://www.vice.com/de/article/93ka5p/dieser-forscher-zerlegt-alle-argumente-gegen-die-viertagewoche)

47 Becker, Tobias (2023): »Wir müssen weg von der Vergütung pro Stunde« (https://www.spiegel.de/kultur/barbara-prainsack-zukunft-der-arbeit-wir-muessen-weg-von-der-verguetung-pro-stunde-a-c9d98977-97fb-42aa-9c9b-66d741604 01f)

48 Gutensohn, David (2022): Eine halbe Stunde ist nicht zu viel verlangt (https://www.zeit.de/

arbeit/2022-05/pause-arbeitsplatz-krankheit-unternehmen)

49 Arbeitszeitgesetz (2023): §4 Ruhepausen (https://www.gesetze-im-internet.de/arbzg/__4.html)

50 NTV (2022): Ein Drittel arbeitet drei Wochen gratis (https://www.n-tv.de/ratgeber/Ein-Drittel-arbeitet-drei-Wochen-gratis-article22802496.html)

51 Gutensohn, David (2022): »Manchmal arbeite ich 16 Stunden am Stück« (https://www.zeit.de/arbeit/2022-10/ueberstunden-lohn-beruf-arbeitsalltag-gehalt)

52 Schlitt, Anna-Lena (2023): Kommt jetzt die Stechuhr zurück? (https://www.zeit.de/arbeit/2023-04/arbeitszeiterfassung-gesetz-haeufigste-fragen-faq)

53 Bhattacharya, Shriya (2022): Fast die Hälfte der GenZ und der Millenials wäre lieber arbeitslos als unglücklich im Job (https://www.businessinsider.de/karriere/arbeitsleben/studie-fast-die-haelfte-der-gen-z-und-millennials-waere-lieber-arbeitslos-als-ungluecklich-im-job-a/)

54 Kempkens, Sebastian (2022): »Sie sind wie Plankton« (https://www.zeit.de/2022/51/arbeitnehmer-gen-z-management-work-life-balance)

55 Gutensohn, David (2022): »Die meisten Menschen müssten nicht so viel arbeiten, wie sie es tun« (https://www.zeit.de/arbeit/2022-01/james-suzman-arbeit-menschheit-arbeitszeit-anthropologie)

56 Baurmann, Jana Gioia (2022): Das Märchen von der Work-Life-Balance (https://www.zeit.de/arbeit/2022-03/severance-apple-tv-work-life-balance)

57 Kühne, Anna Sophie (2023): »Die meisten Menschen setzen Erholung zu Unrecht mit Nichtstun gleich« (https://www.zeit.de/zeit-magazin/leben/2023-02/saundra-dalton-smith-erholung-schlaf-interview)

58 Institut für Menschenrechte (2023): Allgemeine Erklärung der Menschenrechte (https://www.institut-fuer-menschenrechte.de/fileadmin/user_upload/Publikationen/Weitere_Publikationen/Plakat_Allgemeine_Erklaerung_der_Menschenrechte.pdf)

59 Ruschkowski, Katharina von (2022): Die erschöpfte Generation (https://www.geo.de/wissen/gesundheit/22336-rtkl-soziologie-die-erschoepfte-generation-warum-es-junge-eltern-heute-so)

60 Rosales, Caroline (2022): Ich bin doch keine Privatlehrerin (https://www.zeit.de/zeit-magazin/familie/2022-11/leistungsdruck-hausaufgaben-schule-erziehung-ehrgeiz)

61 Ebd.

62 Bücker, Theresa (2022): Alle_Zeit: Eine Frage von Macht und Freiheit, Ullstein Buchverlag

63 Deutsches Institut für Wirtschaftsforschung (2023): Unterschiede zwischen Frauen und Männern bei Lohn- und Sorgearbeit (https://www.diw.de/de/diw_01.c.867454.de/unterschiede_zwischen_frauen_und_maennern_bei_lohn_und_sorgearbeit_steigen_bis_zur_lebensmitte_stark_an.html)

64 Zimmermann, Konstantin (2023): Väter nehmen laut Studie selten mehr als zwei Monate Elternzeit (https://www.zeit.de/gesellschaft/familie/2022-12/elternzeit-muetter-kinderbetreuung-haushalt-studie)

65 Ebd.

66 Statistisches Bundesamt (2023): Gender Pay Gap 2022 (https://www.destatis.de/DE/Presse/Pressemitteilungen/2023/01/PD23_036_621.html)

67 Fratzscher, Marcel (2023): Raus aus der Teilzeitfalle (https://www.zeit.de/wirtschaft/2023-04/gender-care-gap-sorgearbeit-teilzeit)

68 Scherkamp, Hannah (2023): »Gerade Besserverdienende üben finanzielle Gewalt aus« (https://www.zeit.de/arbeit/2023-05/finanzielle-gewalt-frauen-geld-partnerschaft-beziehung)

69 Bücker, Theresa (2022): Ist es radikal, ein Recht auf Erholung zu fordern? (https://sz-magazin.sueddeutsche.de/freie-radikale-die-ideenkolumne/corona-stress-erschoepfung-erholung-eltern-91221)

70 Gutensohn, David (2022): Ein Chef von gestern (https://www.zeit.de/arbeit/2022-06/elon-musk-tesla-buero-homeoffice-kuendigung)

71 Scheswendter, Raimund (2022): Studiochef prahlt mit übermäßiger Arbeitsbelastung im Team (https://t3n.de/news/gaming-studiochef-prahlt-15-stunden-tag-crunch-kultur-culture-ueberstunden-burnout-1496015/)

72 Thiele, Christian (2023): Job Crafting ist besser als kündigen (https://www.deutschlandfunkkultur.de/frust-arbeitsplatz-job-crafting-kuendigen-100.html)

73 Wilke, Felicitas (2020): Karriere im Glücklichsein (https://www.zeit.de/arbeit/2020-01/downshifting-karriere-work-life-balance-arbeitszeit)

74 Dieters, Jannik (2023): Lästig oder lässig? Tipps gegen die Unruhe vor dem Montag (https://www.wiwo.de/erfolg/beruf/ungeliebter-wochenstart-laestig-oder-laessig-tipps-gegen-die-unruhe-vor-dem-montag/29014176.html)

75 Singh, Ritu (2023): Australian Boss introduces Bare minimum Mondays (https://www.ndtv.com/feature/australian-boss-introduces-bare-minimum-mondays-says-its-the-best-decision-she-ever-made-4077157)

76 Brandis, Carlotta (2023): Jeder Sechste würde den Job wechseln, um wieder zuhause arbeiten zu können (https://www.business-insider.de/politik/deutschland/umfrage-zum-ende-der-home-office-pflicht-jeder-sechste-wuerde-den-job-wechseln-um-weiter-zu-hause-zu-arbeiten/)

77 Gutensohn, David (2022): Ein Chef von gestern (https://www.zeit.de/arbeit/2022-06/elon-musk-tesla-buero-homeoffice-kuendigung)

78 Tagesschau (2022): Weniger Stress, mehr Produktivität (https://www.tagesschau.de/wirtschaft/homeoffice-studie-101.html)

79 Rojas, Laurie (2022): Wenn niemand Scheißjobs macht (https://taz.de/Massenhafte-Kuendigungen-in-den-USA/!5874630/)

80 Baurmann, Jana Gioia (2022): »Einen Job zu kündigen kann ein einsamer Prozess sein« (https://www.zeit.de/arbeit/2022-04/great-resignation-usa-corona-kuendigunen-anthony-klotz)

81 Spiegel (2022): Beyoncé gibt postpandemische Ratschläge im Sound der Neunziger (https://www.spiegel.de/kultur/musik/beyonce-gibt-mit-break-my-soul-post-pandemische-ratschlaege-im-nineties-sound-a-2417b514-1a20-4a37-b484-0987122ce694)

82 ZDF (2023): Jeder Dritte würde den Job wechseln (https://www.zdf.de/nachrichten/wirtschaft/jobwechsel-forsa-umfrage-stress-100.html)

Kapitel 3

Niemand sollte sich kaputtarbeiten

83 Gutensohn, David (2022): Sie brennen nicht aus, sie verglühen langsam (https://www.zeit.de/arbeit/2022-06/burn-on-stress-arbeit-bayern-kloster)

84 Deutsche Gesellschaft für Psychiatrie und Psychotherapie (2023): Valide Antworten auf zahlreiche Fragen (https://www.dgppn.de/schwerpunkte/zahlenundfakten.html)

85 Zimmermann, Leonie (2023): Wenn Arbeit krank macht (https://www.stern.de/gesundheit/erschoepfung--wenn-arbeit-krank-macht---8-tipps-fuer-mehr-energie-32682962.html)

86 Pronova BKK (2022): Arbeiten 2022 (https://www.pronovabkk.de/unternehmen/presse/studien/arbeiten-2022.html)

87 Techniker Krankenkasse (2022): Entspann dich, Deutschland! TK-Stressstudie 2021 (https://www.tk.de/resource/blob/2118106/cbdb7ed26363a35145d75351651 0f92d/stressstudie-2021-pdf-zum-download-data.pdf)

88 Gutensohn, David (2023): »Anfällig sind Menschen, die das Gefühl haben, unersetzlich zu sein« (https://www.zeit.de/arbeit/2023-06/stress-arbeit-beruf-resistenz)

89 Techniker Krankenkasse (2022): Entspann dich, Deutschland! TK-Stressstudie 2021 (https://www.tk.de/resource/blob/21181 06/cbdb7ed26363a35145d75351 6510f92d/stressstudie-2021-pdf-zum-download-data.pdf)

90 Sarikaya, Betül (2023): Was Krisen mit jungen Menschen machen (https://www.tagesschau.de/inland/gesellschaft/junge-generation-krisen-101.html)

91 Schnetzer, Simon (2023): Trendstudie Jugend in Deutschland (https://simon-schnetzer.com/jugend-in-deutschland-2023-mit-generationenvergleich/)

92 Epp, Eugen (2022): »Für mich war das eine totale Erlösung« (https://www.stern.de/sport/sportwelt/sven-hannawald-ueber-seine-burnout-diagnose---eine-totale-erloesung--32829186.html)

93 Gutensohn, David (2023): Schneller als der Burnout (https://www.zeit.de/arbeit/2023-01/jacinda-arder-neuseeland-premier ministerin-ruecktritt)

94 Scherkamp, Hannah (2022): »Junge Menschen können sich dieses Verhalten leisten« (https://www.zeit.de/arbeit/2022-10/quiet-quitting-phaenomen-berufs leben-arbeitszeit-interview)

95 Welt (2017): Japanerin stirbt nach 159 Überstunden in einem Monat (https://www.welt.de/vermisch tes/article169365541/Japanerin-stirbt-nach-159-Ueberstunden-in-einem-Monat.html)

96 Hans-Böckler-Stiftung (2022): Rund zehn Prozent der Erwerbstätigen arbeiten suchthaft (https://www.boeckler.de/de/pressemitteilungen-2675-rund-zehn-prozent-der-erwerbs tatigen-arbeiten-suchthaft-41451.htm)

97 Herriger, Fabian (2019): »Meistens trifft es Menschen, die sich für unverzichtbar halten« (https://www.zeit.de/arbeit/2019-10/burn-out-syndrom-stress-depression-behandlung-rainer-hellweg)

98 Daniel, Isabelle (2023): Viele Beschäftigte gehen krank zur Arbeit (https://www.zeit.de/arbeit/2023-01/techniker-krankenkasse-krank-zur-arbeit)

99 Schultz, Stefan (2011): Wer krank zur Arbeit geht, schadet der Firma (https://www.spiegel.

de/wirtschaft/unternehmen/gesundheit-am-arbeitsplatz-wer-krank-zur-arbeit-geht-schadet-der-firma-a-766954.html)

100 Techniker Krankenkasse (2023): Arbeitgeber-Studie (https://www.tk.de/presse/themen/praevention/gesunder-arbeitsplatz/arbeitgeber-studie-whats-next-2145326)

Kapitel 4

Kein Mensch braucht Bullshit-Arbeit

101 Kreienbrink, Matthias (2019): »Wenn die Langeweile mir zusetzt, lasse ich mich krankschreiben« (https://www.zeit.de/arbeit/2019-10/bore-out-langeweile-job-unterforderung)

102 Oenning, Lisa (2016): 25-Stunden-Woche ist genug für die Ü40-Generation (https://www.wiwo.de/erfolg/beruf/arbeitszeit-studie-25-stunden-woche-ist-genug-fuer-die-ue40-generation-/13480258.html)

103 Kreienbrink, Matthias (2019): »Wenn die Langeweile mir zusetzt, lasse ich mich krankschreiben« (https://www.zeit.de/arbeit/2019-10/bore-out-langeweile-job-unterforderung)

104 Rudnik, Hendrikje (2022): »Ein Personalberater erklärt, wie Firmen Mitarbeiter länger halten« (https://www.businessinsider.de/karriere/unzufrieden-im-job-viele-arbeitnehmer-fuehlen-sich-unterfordert-r/)

105 Avandgarte Experts (2022): Arbeitszufriedenheitsstudie (https://www.avantgarde-experts.de/de/magazin/unterforderung-arbeitsplatz-boreout/)

106 Kreienbrink, Matthias (2019): »Wenn die Langeweile mir zusetzt, lasse ich mich krankschreiben« (https://taz.de/Massenhafte-Kuendigungen-in-den-USA/!5874630/)

107 Leonhardt, Julia (2023): Fake Work (https://www.tagesspiegel.de/wirtschaft/karriere/fake-work-funf-tipps-fur-fuhrungskrafte-um-unnotige-scheinarbeit-zu-bekampfen-9674102.html)

108 Kohler, Sarah (2023): »Ich arbeite effektiv zehn von 40 Stunden in der Woche« (https://www.zeit.de/arbeit/2023-04/arbeitszeitbetrug-angestellte-kuendigung)

109 Freund, Nicolas (2020): »Im Kern ist Langeweile eine Krise des Handelns« (https://www.sueddeutsche.de/kultur/langeweile-corona-john-d-eastwood-1.4918756?reduced=true)

110 Weisbrod, Lars (2018): »Effizient ist ein Mythos« (https://www.zeit.de/2018/34/david-graeber-bullshit-jobs-sinnkrise-arbeitsmarkt)

111 Gutensohn, David (2023): »Die meisten Menschen reden sich ihre Arbeit schön« (https://www.zeit.de/arbeit/2023-05/michael-cholbi-glueck-job-philosophie)

112 Kögl, Larissa (2023) Und tschüss! (https://www.zeit.de/arbeit/2023-06/rage-applying-gen-z-bewerbung-simon-schnetzer)

113 Tagesschau (2023): Anspruchsvoll und wechselwillig (https://www.tagesschau.de/wirtschaft/unternehmen/generation-z-berufswelt-101.html)

114 Tagesschau (2023): Anspruchsvoll und wechselwillig (https://www.tagesschau.de/wirtschaft/unternehmen/generation-z-berufswelt-101.html)

115 Terwiesch, Christian (2023): Would Chat GPT get a Wharton MBA? (https://mackinstitute.wharton.upenn.edu/2023/would-chat-gpt3-get-a-wharton-mba-new-white-paper-by-christian-terwiesch/)

116 ZEIT ONLINE (2023): KI auf der Opernbühne (https://www.zeit.de/news/2022-05/17/ki-auf-der-opernbuehne-dresdner-semper oper-wagt-experiment)

117 Taylor, Luke (2023): Columbian judge says he used Chat GPT in ruling (https://www.theguardian.com/technology/2023/feb/03/colombia-judge-chatgpt-ruling)

118 New York Times (2023): An Ai-Generated Picture Won an Art Prize (https://www.nytimes.com/2022/09/02/technology/ai-artificial-intelligence-artists.html)

119 Gutensohn, David (2023): Wird mein Job bald überflüssig? (https: //www.zeit.de/arbeit/2023-02/kuenstliche-intelligenz-chatgpt-arbeitsmarkt-auswirkungen)

120 Holzer, Dominic (2023): Mehr als die Hälfte der Deutschen hat Angst vor KI (https://www.br.de/nachrichten/netzwelt/umfrage-mehr-als-die-haelfte-der-deutschen-hat-angst-vor-ki, TbO3c4p)

121 Hans-Böckler-Stiftung (2022): Mehr Freizeit wagen (https://www.boeckler.de/de/boeckler-impuls-mehr-freizeit-wagen-40459.htm)

122 Rottmann, Markus (2023): Lichtputzer und Pulveraffen: 88 ausgestorbene Berufe und ihre unglaubliche Geschichte, Helvetiq

123 Gutensohn, David (2023): Wird mein Job bald überflüssig? (https://www.zeit.de/arbeit/2023-02/kuenstliche-intelligenz-chatgpt-arbeits markt-auswirkungen)

124 Ebd.

125 Magenheim, Thomas (2023): Nur 15 Prozent der Unternehmen nutzen KI (https://www.rnd.de/wirtschaft/kuenstliche-intelli genz-in-deutschland-wett

bewerbsentscheidend-aber-kaum-genutzt-GJBYZBU-ETVB5ZB6N6BV756BNGY.html)

126 Gutensohn, David (2023): Wird mein Job bald überflüssig? (https://www.zeit.dearbeit/2023-02/kuenstliche-intelligenz-chatgpt-arbeitsmarkt-aus wirkungen)

127 Peer, Matthias (2023): Heil wirbt für Bildungszeit als Mittel gegen den Fachkräftemangel (https://www.zeit.de/politik/deutschland/2023-01/weiterbildung-hubertus-heil-bildungszeit-fach kraeftemangel)

128 Kammer, Alena (2023): Bundestag beschließt Gesetz für Aus- und Weiterbildung (https://www.zeit.de/politik/deutschland/2023-06/ausbildung-und-praktika-bundes tag-gesetz)

129 Suppé, Vincent (2022): Auf diese Jobs wird es ankommen (https://www.zeit.de/arbeit/2022-09/arbeitsmarkt-digitali sierung-fachkraeftemangel-berufe-zukunft)

130 Gutensohn, David (2023): »Arbeit darf nicht zur geistigen Verarmung führen« (https://www.zeit.de/arbeit/2023-04/axel-honneth-arbeit-demo kratie-grundeinkommen-philo sophie/seite-2)

Kapitel 5

Arbeit macht nicht reich

131 Friedrichs, Julia (2021): Viel Arbeit, wenig Geld (https://www.zeit.de/zeit-magazin/2021/12/mittelschicht-einkommen-arbeit-immobilien-haus-wohlstand)

132 Fratzscher, Marcel (2021): Das gebrochene Aufstiegsversprechen (https://www.zeit.de/wirtschaft/2021-12/mittelschicht-aufstieg-bildung-einkommen)

133 Tagesschau (2023): Jahresteuerung nach unten korrigiert (https://www.tagesschau.de/wirtschaft/verbraucher/ver braucherpreise-deutschland-101.html)

134 Iser, Jurik Casper (2023): Gefangen in der Profit-Preis-Spirale (https://www.zeit.de/wirtschaft/2023-04/inflation-verbraucher-preise-profitstreben-unterneh men-gewinne)

135 Bauer, Jakob (2023): Wo man in Deutschland am besten verdient (https://www.zeit.de/arbeit/2023-07/gehaltsver gleich-deutschland-gehaelter-entwicklung-gemeinden)

136 Daniel, Isabelle (2022): Nur noch jeder zweite Deutsche kann sparen (https://www.zeit.de/wirtschaft/2022-10/energie krise-sparmoeglichkeiten-mittel-schicht-iw-koeln-sinus)

137 Lobenstein, Caterina (2023): 50 Quadratmeter, 3100 Euro (https://www.zeit.de/2023/17/wohnungsnot-mieten-bezahlbares-wohnen-neubau)

138 Lobenstein, Caterina (2023): 50 Quadratmeter, 3100 Euro (https://www.zeit.de/2023/17/wohnungsnot-mieten-bezahlbares-wohnen-neubau)

139 NDR (2023): »Wir waren mal Mittelschicht« (https://www.ndr.de/fernsehen/sendungen/45_min/Wir-waren-mal-Mittelschicht,sendung1350298.html)

140 Gutensohn, David (2022): »Die eigene Klasse prägt einen für immer« (https://www.zeit.de/arbeit/2022-04/klassismus-soziale-ungleichheit-klassengesellschaft-francis-seeck-interview)

141 Gutensohn, David (2022): »Arbeiterkinder verhandeln ihre Gehälter schlechter« (https://www.zeit.de/arbeit/2022-11/class-pay-gap-einkommensunterschiede-soziale-herkunft-akademiker)

142 Tagesspiegel (2023): 20.000 Euro für junge Menschen (https://www.tagesspiegel.de/politik/ostbeauftragter-wirbt-fur-grunderbe--kritik-kommt-von-der-fdp-4175233.html)

143 Fratzscher, Marcel (2022): 20.000 Euro für mehr Eigenverantwortung (https://www.zeit.de/wirtschaft/2022-05/grunderbe-deutschland-gerechtigkeit-startchancen)

144 Hainbach, Natascha (2023): Die Mittelschicht in Deutschland bröckelt (https://www.bertelsmann-stiftung.de/de/themen/aktuelle-meldungen/2021/dezember/die-mittelschicht-in-deutschland-broeckelt)

145 Gutensohn, David (2023): »Aufsteiger wissen oft nicht, welches Gehalt angemessen ist« (https://www.zeit.de/arbeit/2023-03/aylin-karabulut-ungleichheit-sozialer-aufstieg)

146 Klaue, Magnus (2022): Hochstapler wie die anderen (https://www.zeit.de/kultur/2022-04/imposter-sydrom-hochstapler-selbstzweifel-akademiker-psychologie)

147 Jacobs, Luisa (2020): »Kann ja nicht sein, dass ich so gut bin« (https://www.zeit.de/arbeit/2021-06/hochstapler-syndrom-selbstzweifel-beruf-koennen-betroffene-erfahrungsbericht-psychologie)

148 Gutensohn, David (2022): »Arbeiterkinder verhandeln ihre Gehälter schlechter« (https://www.zeit.de/arbeit/2022-11/class-pay-gap-einkommensunterschiede-soziale-herkunft-akademiker)

149 Lingenfelster, Mike (2023): Junge Menschen zweifeln an Generationengerechtigkeit (https://

www.br.de/nachrichten/deutschland-welt/umfrage-junge-menschen-zweifeln-an-generationengerechtigkeit,TYTjSZg)

150 Hans-Böckler-Stiftung (2017): Erbschaften größer als bislang erwartet (https://www.boeckler.de/de/boeckler-impuls-erbschaften-groesser-als-bislang-erwartet-3761.html)

151 Ebd.

152 Deutsches Institut für Wirtschaftsforschung (2021): Hälfte aller Erbschaften und Schenkungen geht an die reichsten zehn Prozent (https://www.diw.de/de/diw_01.c.809832.de/publikationen/wochenberichte/2021_05_1/haelfte_aller_erbschaften_und_schenkungen_geht_an_die_reichsten_zehn_prozent_aller_beguenstigten.html)

153 Business Insider (2022): Das sind Deutschlands unbekannte Milliardäre (https://www.businessinsider.de/wirtschaft/finanzen/deutschlands-unbekannte-milliardaere-r7/)

154 Gutensohn, David (2022): Lasst das Geld regnen (https://www.zeit.de/arbeit/2022-07/motivationstrainer-juergen-hoeller-bodo-schaefer-seminare-serioesitaet)

155 Shehadeh, Nadia (2023): Anti-Girlboss, Ullstein Verlag

156 Gutensohn, David (2023): »Ein öder Tag zu Hause ist besser als ein interessanter im Job« (https://www.zeit.de/arbeit/2023-08/anti-girlboss-nadia-shehadeh-frauen-prokrastination-anti-kapitalismus)

157 Unterberg, Swantje (2023): Optimistisch, hohe Erwartungen und schwer gestresst (https://www.spiegel.de/panorama/bildung/studie-ueber-jugend-in-deutschland-optimistisch-voll-hoher-erwartungen-und-schwer-gestresst-a-e61bb2d7-5470-4812-824a-13f56458c67c)

158 Deters, Jannik (2023): Diese Grafiken zeigen, was den Deutschen ihre Arbeit wert ist (https://www.wiwo.de/erfolg/beruf/homeoffice-viertagewoche-und-work-life-balance-diese-grafiken-zeigen-was-den-deutschen-ihre-arbeit-wert-ist/29177424.html)

Kapitel 6

Arbeitslosigkeit macht keine Angst

159 Gutensohn, David (2022): Ein Doktor stockt auf (https://www.zeit.de/arbeit/2022-02/langzeitarbeitslosigkeit-akademiker-doktortitel-hartz-iv)

160 Gutensohn, David (2022): »Ohne Sanktionen bei Hartz IV hätten wir ein kleines Grundeinkommen« (https://www.zeit.de/

arbeit/2022-03/helena-steinhaus-hartz-iv-sanktionen-bundes regierung)

161 Mendgen, Alisha (2023): CDU-Vize fordert Jobpflicht für Arbeitslose (https://www.rnd.de/politik/cdu-vize-carsten-linnemann-fordert-jobpflicht-fuer-arbeitslose-CFQQP7ZYS5 CYPHTQITOES534AM.html)

162 Gutensohn, David (2022): Arbeit lohnt sich immer noch (https://www.zeit.de/arbeit/2022-11/buergergeld-streit-union-cdu)

163 Magoley, Nina (2022): Kämpft Wüst bald auf einsamem Posten? (https://www1.wdr.de/nach richten/landespolitik/buerger geld-blockade-wuest-100.html)

164 Tagesschau (2022): »Absolut sozial ungerecht« (https://www.tagesschau.de/inland/innenpolitik/buergergeld-debatte-101.html)

165 Gutensohn, David (2022): Arbeit lohnt sich immer noch (https://www.zeit.de/arbeit/2022-11/buergergeld-streit-union-cdu)

166 Gutensohn, David (2022): Wenn das Jobcenter klingelt (https://www.zeit.de/arbeit/2022-10/arbeitslosigkeit-jobcenter-hausbesuch-kassel)

167 Mayr, Anna (2021): Die Elenden, Hanser Literaturverlag

168 Gutensohn, David (2021): Wie im Zoo (https://www.zeit.de/arbeit/2021-02/armut-fernsehen-darstellung-hartz-4)

169 Der Standard (2022): In Deutschland schwindet die Lust am Arbeiten (https://www.derstandard.de/story/2000139467748/um frage-in-deutschland-schwindet-die-lust-am-arbeiten)

170 Witterauf, Stefanie (2021): »Mit wenig Geld zu leben, war ich gewohnt« (https://www.zeit.de/arbeit/2021-11/fire-bewegung-frugalismus-fruehrente-sparen-finanzielle-unabhaengigkeit)

171 Althaus, Dieter (2007): Das solidarische Bürgergeld (https://www.kas.de/c/document_library/get_file?uuid=71b75051-0280-a0b3-e77f-e245f882dac5&groupId=252038)

172 Die Linke (2022): Unsere Mitglieder haben entschieden (https://www.die-linke.de/partei/fuer-mitglieder/mitgliederentscheid/)

173 Deutscher Bundestag (2006): Finanzierung eines bedingungslosen Grundeinkommens in Deutschland (https://www.bundestag.de/resource/blob/417862/3e097f1996bc9ec497f 77918059c3994/wd-5-201-06-pdf-data.pdf)

174 Deutsches Institut für Wirtschaftsforschung (2023): Pressemitteilung vom 24. Mai 2023 (https://www.diw.de/de/diw_01.c.873269.de/je_hoeher__desto_besser__hohe_unter

stuetzung_in_der_bevoelkerung_fuer_ein_bedingungsloses_grundeinkommen.html)

175 Deutsches Institut für Wirtschaftsforschung (2023): Pressemitteilung vom 24. Mai 2023 (https://www.diw.de/de/diw_01.c.873269.de/je_hoeher__desto_besser__hohe_unterstuetzung_in_der_bevoelkerung_fuer_ein_bedingungsloses_grundeinkommen.html)

176 Rudzio, Kolja (2021): Utopie im Alltagsstress (https://www.zeit.de/2021/53/bedingungsloses-grundeinkommen-langzeitstudie-deutschland)

Kapitel 7

Keiner sollte für den Kapitalismus arbeiten

177 Fokken, Silke (2023): Die verwöhnte Jugend (https://www.spiegel.de/panorama/bildung/ukraine-krieg-klimakrise-inflation-deutschlands-alleingelassene-jugend-a-3e076ac3-b238-4ce2-9b61-eabd26be1eef)

178 Hölter, Katharina (2023): Warum die Generation Z anders arbeiten will (https://www.spiegel.de/start/work-life-balance-warum-die-generation-z-anders-arbeiten-will-und-damit-jetzt-alle-ansteckt-a-2b4d84c1-f53f-4fca-ab51-6f4c1c8bbd39)

179 Garic, Jennifer (2023): Kündigung wg. Klima (https://www.zeit.de/zeit-fuer-unternehmer/2023/01/climate-quitting-klimakrise-umweltschutz-arbeitgeber-unternehmen)

180 KMPG (2023): Climate quitting – younger workers voting with their feet on employer's ESG commitments (https://kpmg.com/uk/en/home/media/press-releases/2023/01/climate-quitting-younger-workers-voting-esg.html)

181 Krapp, Catiana (2023): Klima-Haltung des Arbeitgebers ist für 81 Prozent der jungen Deutschen mitentscheidend (https://www.handelsblatt.com/unternehmen/energie/studie-klima-haltung-des-arbeitgebers-ist-fuer-81-prozent-der-jungen-deutschen-mitentscheidend/29046156.html)

182 Frey, Phillip (2019): The Ecological Limits of work (https://autonomy.work/wp-content/uploads/2019/05/The-Ecological-Limits-of-Work-final.pdf)

183 Yang, Xifan (2022): Revolution im Liegen (https://www.zeit.de/2022/16/jugendbewegung-china-kapitalismus-aussteiger)

184 Weber, Silke (2022): Das Leben liegen (https://www.zeit.de/arbeit/2022-05/lying-flat-kuendigung-arbeit-freizeit)

185 Yang, Xifan (2022): Revolution im Liegen (https://www.zeit.

de/2022/16/jugendbewegung-china-kapitalismus-aussteiger)

186 Kempkens, Sebastian (2022): »Sie sind wie Plankton« (https://www.zeit.de/2022/51/arbeitnehmer-gen-z-management-work-life-balance)

187 Jeschke, Anne (2023): »Es kam mir vor, als sei ich die Bewerberin und nicht andersrum« (https://www.zeit.de/arbeit/2023-05/gen-z-arbeitsmoral-faulheit-vorwurf-fuehrungskraefte)

Kapitel 8

Kurzarbeit ist gute Arbeit

188 Gutensohn, David (2023): So findet man Fachkräfte (https:/www.zeit.de/arbeit/2023-01/personal mangel-arbeitsmarkt-unter nehmen-bewerber-wartelisten)

189 Kriwet, Hildegard (2019): »Samstags gehört Vati mir« (https://www.planet-wissen.de/geschichte/deutsche_geschichte/wirtschaftswunder/pwiewissens frage398.html)

190 Statistisches Bundesamt (2023): Wöchentliche Arbeitszeit (https://www.destatis.de/DE/Themen/Arbeit/Arbeitsmarkt/Qualitaet-Arbeit/Dimension-3/woechentliche-arbeitszeitl.html)

191 Mehlhorn, Manuel (2023): CSU-Arbeitsministerin fordert flexible Arbeitszeiten (https://www.br.de/nachrichten/bayern/csu-arbeitsministerin-scharf-fordert-flexiblere-arbeitszeiten,TbuTc8h)

192 Gürgen, Malene (2023): Wie viel Arbeit kann weg? (https://taz.de/Modelle-fuer-Arbeitszeitver kuerzung/!5916824/)

193 Schröder, Gerhard (2018): Der lange Kampf um faire Arbeitszeiten (https://www.deutschland funk.de/100-jahre-acht-stunden-tag-der-lange-kampf-um-faire-100.html)

194 Statistisches Bundesamt (2023): Wöchentliche Arbeitszeit (https://www.destatis.de/DE/Themen/Arbeit/Arbeitsmarkt/Qualitaet-Arbeit/Dimension-3/woechentliche-arbeitszeitl.html)

195 Deters, Jannik (2023): Diese Grafiken zeigen, was den Deutschen ihre Arbeit wert ist (https://www.wiwo.de/erfolg/beruf/homeoffice-viertagewoche-und-work-life-balance-diese-grafiken-zeigen-was-den-deutschen-ihre-arbeit-wert-ist/29177424.html)

196 Allmendinger, Jutta (2023): Vollzeitarbeit ist keine Lösung (https://www.zeit.de/gesell schaft/familie/2023-07/familien politik-kindergrundsicherung-elterngeld-sorgearbeit-gleich stellung)

197 Kessler, Matthias (2023): Neue Väter braucht das Land (https://rp-online.de/politik/analyse-und-meinung/elternzeit-fuer-

vaeter-deutsche-maenner-wollen-mehr-zeit-fuer-kinder_aid-84464827)

198 Bundeszentrale für politische Bildung (2022): Alter bei Rentenbeginn (https://www.bpb.de/kurz-knapp/zahlen-und-fakten/soziale-situation-in-deutschland/61860/alter-bei-rentenbeginn-grv/)

199 Tagesschau (2022): Mehr Menschen gehen früher in Rente (https://www.tagesschau.de/inland/frueherer-renteneintritt-immer-haeufiger-101.html)

200 Groll, Tina (2022): »Die Rente mit 63 wird zu Unrecht in Misskredit gebracht« (https://www.zeit.de/wirtschaft/2022-12/renteneintrittsalter-erhoehung-debatte-fachkraeftemangel)

201 Hasselborn, Martin (2022): Warum wollen die Babyboomer vorzeitig in Rente (https://www.uni-wuppertal.de/de/news/detail/warum-wollen-die-babyboomer-vorzeitig-in-rente/)

202 Hans-Böckler-Stiftung (2023): Gut ein Viertel der Beschäftigten hat Zweifel, die aktuelle Berufstätigkeit bis zum Rentenalter durchhalten zu können (https://www.boeckler.de/de/pressemitteilungen-2675-gut-ein-viertel-der-beschaftigten-hat-zweifel-50427.htm

203 Gutensohn, David (2023): »Wer länger arbeitet, stirbt früher« (https://www.zeit.de/arbeit/2023-05/rente-lebensarbeitszeit-studie-berufe-gesundheit)

204 Hans-Böckler-Stiftung (2022): Mindestens 300.000 zusätzliche Pflegekräfte durch Wiedereinstieg in den Beruf oder aufgestockte Arbeitszeit möglich (https://www.boeckler.de/de/pressemitteilungen-2675-neue-studie-mindestens-300-000-zusatzliche-pflegekrafte-40798.htm)

205 Ebd.

206 Oesterling, Jutta (2023): Wie man am besten in Teilzeit geht (https://www.zeit.de/arbeit/2023-06/teilzeit-arbeitszeit-arbeitsrecht-bezahlung-urlaub-faq)

207 Gutensohn, David (2023): Am besten nur noch Teilzeit (https://www.zeit.de/arbeit/2023-03/work-life-balance-arbeit-glueck-geld)

208 Ebd.

209 Schubert, Christian (2019): Courage! (https://www.faz.net/aktuell/wirtschaft/35-stunden-woche-in-frankreich-courage-16111518.html)

210 Wolff, Reihnard (2017): Sechs Stunden Arbeit am Tag sind genug (https://taz.de/Arbeitszeit-in-Schweden/!5459426/)

211 Schweizer Handelszeitung (2019): Schweizer verdienen am meisten in Europa (https://www.handels

zeitung.ch/beruf/schweizer-verdienen-am-meisten-europa)

212 Daniel, Isabelle (2023): Spanien testet die Viertagewoche (https://www.zeit.de/arbeit/2023-04/spanien-vier-tage-woche-test)

213 Eydin, Alexander (2023): Forscher ziehen positives Fazit aus Pilotprojekt zur Viertagewoche (https://www.zeit.de/arbeit/2023-02/vier-tage-woche-produktivitaet-pilotprojekt)

214 Der Spiegel (2023): Vier statt fünf Tage arbeiten (https://www.spiegel.de/wirtschaft/viertage woche-sechsmonatiges-pilot projekt-in-deutschland-startet-2024-a-5379836a-c97f-49e2-8adb-2434a68d0144)

215 Sadiq, Parvin (2023): IG-Metall-Chef verteidigt Viertagewoche (https://www.zeit.de/wirtschaft/2023-04/viertagewoche-ig-metall-hoffmann-debatte)

216 Hans-Böckler-Stiftung (2023): Rund 81 Prozent der Vollzeitbeschäftigten wollen Vier-Tage-Woche (https://www.boeckler.de/de/pressemitteilungen-2675-rund-81-prozent-der-vollzeitbeschaftigten-wollen-vier-tage-woche-49242.htm)

Kapitel 9

Die Arbeitswelt ändert sich nicht von allein

217 Statistisches Bundesamt (2022): Zahl und Anteil junger Menschen zwischen 15 und 24 Jahren auf neuem Tiefstand (https://www.destatis.de/DE/Presse/Pressemitteilungen/2022/07/PD22_N046_122.html)

218 Löwisch, Georg (2023): »Work-Life-Balance? Abstrus!« (https://www.zeit.de/2023/25/thomas-de-maiziere-work-life-balance-generation-z)

219 Deters, Jannik (2023): Diese Grafiken zeigen, was den Deutschen ihre Arbeit wert ist (https://www.wiwo.de/erfolg/beruf/homeoffice-viertagewoche-und-work-life-balance-diese-grafi ken-zeigen-was-den-deutschen-ihre-arbeit-wert-ist/29177424.html)

220 Bundesministerium für Familie, Senioren, Frauen und Jugend (2021): Freiwilliges Engagement in Deutschland (https://www.bmfsfj.de/bmfsfj/service/publika tionen/freiwilliges-engagement-in-deutschland-176834)

221 Biermann, Kai (2022): Steinmeiers Idee vom Pflichtdienst ist zynisch (https://www.zeit.de/gesellschaft/zeitgeschehen/2022-06/soziale-pflichtzeit-pflichtdienst-steinmeier-unfair)

222 Igel, Leon (2022): Womit keiner rechnet (https://www.zeit.de/2022/47/soziales-pflichtjahr-pflege-fachkraeftemangel-hilfskraefte)

223 Peters, Christina (2018): Warum die »Jugend von heute« immer die schlechteste ist (https://www.welt.de/wissenschaft/article178647276/Soziologie-Warum-die-Jugend-von-heute-immer-die-schlechteste-ist.html)

224 Warkus, Matthias (2020): Die Jugend von heute (https://www.spektrum.de/kolumne/die-jugend-von-heute/1784201)

225 Reißig, Birgit (2023): Jugend braucht mehr als Bildung (https://www.dji.de/themen/gesellschaft-2030/jugend-2030.html)

226 Ärztezeitung (2018): Warum jede Generation auf die Jugend schimpft (https://www.aerztezeitung.de/Panorama/Warum-jede-Generation-auf-die-Jugend-schimpft-230189.html)

227 Kramer, Bernd (2023): Die Generation Z will Karriere machen (https://www.sueddeutsche.de/wirtschaft/generation-z-karriere-arbeit-1.5874239)

Über den Autor

© Nicole Schnittfincke

David Gutensohn ist Teil der Generation Y. Der studierte Sozialwissenschaftler und Absolvent der Deutschen Journalistenschule begeistert sich für seine Arbeit bei ZEIT ONLINE – und macht sie trotzdem ohne Selbstaufgabe.

2021 veröffentlichte er das Buch »Pflege in der Krise – Applaus ist nicht genug« und wurde unter die Top »30 bis 30« junger Journalistinnen und Journalisten gewählt. 2022 wurde er mit dem Otto Brenner Preis für kritischen Journalismus ausgezeichnet. 2023 erhielt er den Ernst-Schneider-Preis der deutschen Wirtschaft.

Gutensohn tritt regelmäßig als Moderator, Dozent und Experte auf.

Kritische Diagnose der Gegenwart

Ulrich Brand, Markus Wissen

Kapitalismus am Limit

Öko-imperiale Spannungen, umkämpfte Krisenpolitik und solidarische Perspektiven.
Von den Autoren des Bestsellers »Imperiale Lebensweise«

224 Seiten, Broschur, 20 Euro
ISBN 978-3-98726-065-0
Erscheinungstermin: 26.03.2024
Auch als E-Book erhältlich

»Ein brillant geschriebenes, von großem empirischem und konzeptuellem Wissen genährtes Zeitdokument!«
Jean Ziegler

Aktivistinnen des Wandels gegen Verteidiger des Status quo: Die ökologische Krise spaltet unsere Gesellschaft. Dieses Buch wirft einen hellsichtigen Blick auf die Kämpfe zwischen imperialer Lebensweise, grünem Kapitalismus und sozialökologischer Transformation.

oekom.de DIE GUTEN SEITEN DER ZUKUNFT

oekom